庭院经济高质量发展百问百答

何安华　杨　丽　魏龙飞　郭　铖　等　编著

中国农业出版社
北　京

编著人员

何安华	农业农村部农村经济研究中心	研究员
杨 丽	农业农村部农村经济研究中心	研究员
魏龙飞	中国农村杂志社	编辑
郭 铖	山西大学经济与管理学院	副教授
杨 悦	山西大学经济与管理学院	硕士研究生
邓智敏	山西大学经济与管理学院	硕士研究生

前言
FOREWORD

中国是一个人多地少的国家，大国小农是基本的国情农情。2022年，全国有乡村常住人口4.9亿人，2亿多户农户，他们中的多数仍主要居住在农村庭院。小小一方庭院，不仅是农民的生活栖息地，还是农民的增收致富园。2023年，"庭院经济"首度被写入中央一号文件。发展庭院经济，能够充分利用庭院空间内的各类资源，让闲散的资源"变现"，还能通过庭院这个"小窗口"显化农业多元功能和乡村多重价值。于农户，庭院可为家庭增加一份收入；于村庄，庭院装扮了环境，让乡愁有了情感载体，让乡村文化有了传播场域；于县域，庭院为培育特色产业增加了可能，有助于形成新的经济增长点；于国家，庭院生产的土特产品除了自家食用外，还能向市场供给，提升了食物保障能力。

为了增进广大农民、返乡下乡创业人员和乡村产业发展管理人员等对高质量发展庭院经济的认识，我们组织编写了本书。全书共7篇，包括综合篇、特色种植篇、特色养殖篇、特色手工篇、特色休闲旅游篇、生产生活服务篇和案例篇，系统梳理了发展庭院经济的丰富活动，以问答的形式解答了大众关心的 100 个问题，收录了 13 个典型案例，部分内容还增加了形象的插图，希望能够向社会大众宣传庭院经济的基础知识，为农民增加收入提供帮助。

由于研究时间紧，加上编著者学识有限，书中内容难以面面俱到，难免存在不妥之处，恳请读者批评指正。

本书编写组

2023 年 11 月

目 录
CONTENTS

三 **特色养殖篇** / 37

四　**特色手工篇** / 59

五　特色休闲旅游篇 / 75

六　生产生活服务篇 / 93

七　案例篇 / 113

一 综合篇

① 什么是庭院经济？

早在春秋战国时期，随着自耕农的出现，庭院经济作为小农经济的附属经济便产生了。到了明清时期，我国由于人地矛盾加剧，以棉纺织、养蚕缫丝为主的家庭手工"副业"普遍发展起来，主要由农户中的女性、老年劳动力从事，是充分利用劳动力、弥补家庭开支不足、稳定小农经济的重要方式。所谓庭院经济，可以理解为农户家庭院落经济，是农户以自己的住宅院落内或房前屋后及村庄闲散待利用场域为空间，以家庭为生产经营单位，主要利用自家劳动力，从事小规模种植养殖、乡村旅游及其衍生服务等，参与市场经济、追求经营收益的一种经济形态。

庭院经济是农村中的大田连片种植、园区化养殖、规模设施农业、工厂化加工等规模化农业生产形态之外的有益补充。虽然提的是"庭院经济"，但需要注意的是，经营空间并不局限在庭

院之内，庭院内和庭院外的空间都是可以开发利用的，以种植、养殖等生产活动为主，同时也可以包括一些初级加工、手工制作和农家乐等服务活动。总的来说，庭院经济是农村经济的重要组成部分，在当前推进乡村全面振兴的新阶段，发展庭院经济理应有所为，也会大有可为。

② 庭院经济与小农经济有哪些相同及不同之处？

传统小农经济，主要是自给自足的自耕农经济，后来演变成自耕农经济和佃农经济的统称。当前的小农经济，一般是指现代小农经济，也有人称为小农户经济。庭院经济和小农经济既有相同之处，也有区别。

庭院经济和小农经济的相同之处：一是两者都是农业经济、农村经济的组成部分，经济主体都以农户为主。二是两者都以农户家庭经营居多，但庭院经济侧重从经营活动空间的角度去说，而小农经济侧重从规模大小的角度去说。三是两者都属于规模较小的经济活动，如"庭院"之"小"是相对于农民专业合作社、集体经济组织、农业公司之"大"，"小农"之"小"是相对于种植大户、养殖大户、产销大户之"大"。

庭院经济和小农经济的区别主要表现为：一是生产经营的场所不同。庭院经济的空间范围更小，小农经济的范围更大，而且没有严格限制在庭院内及周边。二是商品化程度不同。庭院经济的商品化程度可能要小一些，毕竟生产空间有限，生产的产品是兼顾自家消费和市场出售增加收入；而现代小农经济，生产的产品以市场销售居多，是部分农户家庭收入的重要来源。

③ 庭院经济有哪些特点？

说起庭院经济，最容易让人联想到的是"小而精""船小好调头"，这类形容是生动而形象的，反映出庭院经济所具有的明显特点：

一是小规模、家庭化。庭院经济以家庭为基本单位，用好用活家庭的劳动力和自有资源，如庭院内外的土地、房屋等开展小规模生产活动。

二是地域性强。我国东西、南北跨度非常大，不同区域的地理环境和气候条件差异很大，适合庭院种植的农作物、养殖的动物等种类不同，具有明显的地域性特点。如黑龙江的农户庭院空间大，院内可以种玉米；内蒙古的农户庭院能养牛羊；东部沿海地区的农户庭院空间较小，常见到种花草、盆栽等。

三是多元化、灵活。庭院经济的生产活动通常有特色种植、特色养殖、特色手工、特色休闲旅游、生产生活服务等多种类型，一家庭院之内甚至也会种养结合、产加销一条龙服务等。由于是一个农户或少数农户利用庭院发展经济，规模较小，生产的产品和提供的服务很容易根据市场需求进行调整，行情好就多种多卖些，行情差就自家多消费，比较灵活。

四是经济性、生态化。发展庭院经济是以增加收入为目的，例如院内种植的鲜食玉米、蔬菜卖出去能换来钱，即便销路不好也能自家吃，减少家庭消费支出，具有增加收入和节省开支的好处。发展庭院经济多以环保方式生产，如少用化肥农药。有的会将"杂草丛生、一片荒凉"的院落转变成"遍地农作物、绿意盎然"的生态空间，让庭院摇身一变成为风景小园。

④ 发展庭院经济有哪些优势？

庭院经济作为特色产业的"浓缩版"，将创造优美的人居环境与促进家庭增收有机结合，是推动乡村振兴、农民农村共同富裕的有效载体。通过发展庭院经济，可以有效地将"方寸闲地"变成"增收宝地"。发展庭院经济主要有以下优势：

一是投入较低，易于推广。庭院经济所依赖的场地主要是院落内的空间和房前屋后，面积小的几分地，面积大的一两亩^①，不管是发展种植业还是养殖业，还是经营手工业和小商业，占用的劳动力、资金等投入一般都较少。普通农户家庭，不管条件好坏，只要能找到合适的庭院空间就能参与进来，户户都能搞，人人都能干。

二是经营灵活，适应性强。广大农户可以根据自己的特点和专长去选择经营项目，还可以根据自然条件和市场需要的变化以及价格高低，快速地调整自己的经营方向。例如黄瓜、辣椒、番茄等不同蔬菜品种，哪个好卖就多种点，调整规模很灵活。

三是能将零散时间和闲置土地转化成收入。发展庭院经济一般是在庭院内或房前屋后，生产和生活的场所要么是在同一空间，要么就在附近，大大缩短了从家到田间地头的时间，也可以随时把零碎化的时间用于庭院管理，而且老人、小孩等都可以较好地参与进来，能够充分利用劳动力和土地资源，就地劳动增收。

---

① 1 亩 =1/15 公顷。

⑤ 提出高质量发展庭院经济的背景是什么？

脱贫攻坚战略实施以来，我国脱贫地区农民收入实现较快增长，但与全国平均水平相比仍有较大差距。千方百计增加脱贫群众收入，不断缩小收入差距，对巩固拓展脱贫攻坚成果、守牢不发生规模性返贫底线至关重要。破解农村劳动力就业不充分的难题，特别是2020年受新冠疫情影响以来，部分脱贫劳动力返乡回流，部分有外出务工意愿的脱贫劳动力无法外出务工。鼓励和引导农户特别是脱贫人口和防止返贫监测对象在符合用地政策的前提下，利用自有院落空间及资源资产，高质量发展庭院经济，是促进就地就近就业创业、发展乡村特色产业、拓展增收来源的有效途径。在这样的背景下，2022年10月，国家乡村振兴局和农业农村部联合发布了《关于鼓励引导脱贫地区高质量发展庭院经济的指导意见》，明确提出支持农户高质量发展庭院经济。2023年中央一号文件，在"增强脱贫地区和脱贫群众内生发展动力"的内容中，明确提出了"鼓励脱贫地区有条件的农户发展庭院经济"。这是首次在中央一号文件中提出了"庭院经济"的概念，彰显了政府对发展庭院经济给予的高度重视和支持。

⑥ 高质量发展庭院经济的重大意义是什么？

从农户层面看，有助于家庭增收。发展庭院经济能够合理利用农户家庭院落里面及周边的资源，这些资源有可能原本是处于闲置状态的。通过发展种植养殖、文创、农旅或者相关服务业，

将资源变成收益，增加了农民的家庭经营收入，有助于促进实现农民农村共同富裕。

从村庄层面看，有助于建设宜居宜业和美乡村。发展庭院经济，院落里种点蔬菜、水果，养些家禽，或者放些小木凳、带有农家色彩的农村老旧物件等，既可以增加庭院和村庄的绿化，看得见绿、听得到动物叫声，让乡愁有了情感载体，也展示了乡村文化。

从区域层面看，有助于培育区域特色产业。一家一户的庭院经济，看似规模很小，但如果放到一个村、一个乡，甚至一个县域，数量较多的农户庭院经济就可以汇聚成特色产业，为农村经济、县域经济的发展找到新的增长点。

从国家层面看，有助于提升食物保障能力。庭院里生产的粮食、蔬菜、水果等农产品，养殖的牛羊、鸡鸭鹅等畜禽，农户可以自家消费，也可以拿到市场上卖，实际上是增加了食物的市场供给量，对国家粮食安全是有贡献的。

⑦ 为什么说高质量发展庭院经济的潜力很大？

在我国广袤农村大地，高质量发展庭院经济是切合实际的，有着很大潜力。

一是庭院土地仍有较大开发利用潜力。一方面是现有的可利用庭院面积还没有充分利用，如有的家庭因缺少劳动力而让庭院荒芜或部分土地闲置；另一方面是已利用庭院的开发深度不够，如一些庭院虽然用于发展种植养殖业，但粗放经营，经济效益不高。此外，部分村还有着较多闲散撂荒地可供开发利用。

二是农村中有不少老弱病残幼人口。随着我国农村老龄化社会的到来，农村中的留守老人越来越多，他们从事了一辈子农业生产活动，即便年纪大了仍希望干些力所能及的农活。有的病残人口虽不便于外出务工，但可以在家门口或庭院附近做一些种植养殖辅助工作、特色手工产品等。

三是技术进步拓宽了庭院产品的销路。庭院经济的优质、绿色、多样性产品越来越受到市场青睐。随着庭院经济活动跟电子商务、现代物流等相结合，产品在庭院生产，但卖出村，甚至卖向全国、全世界都已成为现实。农村寄递物流完善和新型商业模式创新为庭院经济的多元化发展提供了广阔市场。

⑧ 高质量发展庭院经济要坚持哪些原则？

2022年10月，国家乡村振兴局和农业农村部联合发布的《关于鼓励引导脱贫地区高质量发展庭院经济的指导意见》，明确提出了六个工作原则：

一是坚持依法依规、符合政策。即发展庭院经济要严格遵守各项法律法规，认真落实国家相关政策，依法合规生产经营。

二是坚持因地制宜、分类指导。各地要从实际出发，突出乡土特色，走特色化、差异化发展路子，宜种则种、宜养则养、宜加则加、宜商则商，探索发展多种类型庭院经济。

三是坚持稳扎稳打、有序推进。要科学论证、注重典型引路，合理确定发展模式和目标，不搞一刀切、一哄而上。

四是坚持政府引导、农民主体。尊重农民意愿，以农户为主体开展庭院生产经营，加强组织引导，采取多种措施调动农民的积极性、主动性、创造性。

五是坚持市场导向、融合发展。引导农户根据市场需求选准庭院产业，强化庭院经济经营户与龙头企业、农民专业合作社、家庭农场等生产经营主体的分工协作和利益联结，增强庭院经济发展活力。

六是坚持生态优先、绿色引领。强化庭院经济发展与自然环境相融合、与乡村建设和乡村治理相结合，促进经济效益与生态效益、社会效益相统一，绿化美化庭院，改善农村人居环境，实现资源利用更加高效、庭院环境更加美丽。

⑨ 高质量发展庭院经济仍面临哪些挑战？

在全面推进乡村振兴的大背景下，高质量发展庭院经济使得农户生产活动和家庭生活紧密结合在一起，既满足了农户的生计需求，又能以一种环境友好、资源可持续的方式推动地方经济发展。发展庭院经济可以促进乡村振兴，但也面临一些挑战。

一是部分地区的庭院经济还处于初级阶段，规模较小，缺乏品牌，市场竞争力不足，还需要更多的专业技术支持和管理指导。

二是有些村的庭院产业"小而多""小而杂"，制约了规模化和可持续发展，有些村的庭院经济活动则是同质化严重，组织化程度不高，例如利用庭院从事餐饮、民宿，但没能形成统一的服务标准，影响了口碑。

三是庭院产业特色不够明显，跟大田种植作物的区分度不高，例如同类蔬菜、水果在庭院中种植和在承包地、林地上种植，产品质量差异难以分辨，也缺少宣传，导致庭院生产产品即便是优质却不优价。

四是庭院经济经营户和其他经营主体之间的利益联结机制不够完善，特别是在跟流通商、销售商的交易中缺少定价话语权，自身合理的经济利益缺少保障。

⑩ 发展庭院经济对脱贫地区群众增收能发挥哪些作用？

通过发展庭院经济，脱贫地区群众可以开展特色种植养殖、农产品加工、传统手工制造、休闲旅游等多种经营，获得多元化收入来源，减轻对大田农业和外出就业的依赖。

一是可以卖农家土特产品增加家庭收入。利用家里的闲置劳动力、老龄劳动力、碎片化的劳动时间，还有家里零零星星的院落空间资源，种植养殖出来的产品可以出售，增加了家庭经营性收入。

二是可以卖乡村文旅服务增加家庭收入。利用庭院发展乡村旅游业，提供餐饮服务，卖农家菜品等，也可以把庭院变成家庭创业的场所，搞一些特色文创产品，如北京房山区搞的美丽庭院创建活动，有些庭院就在家里搞创意酒瓶加工，也有做出来一些微盆景卖给游客或通过网络销售的，以此获得家庭主业之外的收入。

三是直接降低家庭消费支出。庭院经济产品有相当一部分是农户自己消费，虽然不增加农户显性收入，但可以节约农户生活开支，增强农户经济韧性。

当前庭院经济增收效应尚未惠及多数农户，但鼓励发展庭院经济，培养脱贫群众自力更生、勤劳致富的理念更为重要。理念的改变是长远的，通过发展庭院经济，让脱贫群众学会一门技艺和提振致富信心，有助于激发他们凭借双手奋斗出幸福生活。

⑪ 高质量发展庭院经济的重点有哪些？

2022年10月，国家乡村振兴局和农业农村部联合发布的《关于鼓励引导脱贫地区高质量发展庭院经济的指导意见》，明确指出了五大发展重点：

一是发展庭院特色种植。筛选市场前景好、附加值高的种植品种，重点发展蔬菜、林果、花卉、盆栽等特色作物，形成与大田作物差异化、互补性发展，填补市场空缺。因地制宜种植中药材、食用菌等附加值高的特色经济作物，打造一批微茶园、微菜园、微果园、微菌园。

二是发展庭院特色养殖。积极推广适合庭院养殖的特色优良品种，优化养殖结构，应用养殖新技术、新模式，强化兽药、饲料及饲料添加剂等农业投入品科学使用指导，提高养殖效益。改

善庭院养殖条件，推动庭院养殖融入当地现代养殖业生产体系。强化动物防疫，做好重大动物疫病和常见多发动物疫病防控工作。

三是发展庭院特色手工。立足乡村特色资源，开发具有鲜明地域特点、民族特色、乡土特征的特色产品。传承创新乡村传统工艺，发展特色食品和特色手工艺品，依托乡村非物质文化遗产，发展非遗工坊。引导文化创意公司、民间手工艺人等领办或创办一批家庭工厂、手工作坊，开发一批乡村特色文创产品。

四是发展庭院特色休闲旅游。指导农户依托当地文化旅游资源，利用自有庭院发展特色民宿、家庭旅馆、休闲农庄、农家乐、小型采摘园等，促进农文旅融合，打造一批精品田园和美丽庭院，把农村庭院变成城市居民的小菜园、后花园、微农场。

五是发展庭院生产生活服务。通过整村领办、合作经营等方式，带动农户利用现有庭院开展代收代储、产品代销、原料加工、农资配送、农机作业等生产性服务。指导农户利用自有庭院设立电商销售点、直播带货点、快递代办点等，开办小超市、小餐饮、理发店、修理店等生活性服务业，为村民提供便利服务，增加农户经营收入。

⑫ 当前高质量发展庭院经济的关键在哪里？

庭院经济发展的根本约束在于规模小而分散，单家独户依靠狭小的庭院土地很难实现显著增收。因此，当前发展庭院经济的关键是将庭院经济与县域、乡镇特色产业联系起来、统一起来，利用产业链的规模经济优势降低庭院经济经营成本，提升附加值。具体来说：

一是引导农户依托县域、乡镇特色产业选择庭院经济项目，利用特色产业的品牌优势、产业链优势，将庭院经济融入产业链，形成与龙头企业、农民合作社等主体分工合作的格局。

二是充分发挥社会化服务主体的作用，帮助农户解决生产资料供应、生产技术指导、生产环节外包、产品流通和销售等方面的问题，降低庭院经济经营成本，实现服务规模化。

三是促进庭院内及周边土地依法有序流转，助力庭院经济经营户探寻出契合自身的适度规模。地方政府应引导土地中介组织为庭院土地流转提供信息发布、价值评估、政策咨询等服务工作，为闲置庭院流转提供登记、备案服务。

⑬ 政策上怎样支持高质量发展庭院经济？

坚持用市场化和产业化的思路推进庭院经济高质量发展。结合 2022 年国家乡村振兴局和农业农村部联合发布的《关于鼓励引导脱贫地区高质量发展庭院经济的指导意见》，主要是要严格落实四个"用好"，即用好资金支持政策、用好金融支持政策、用好创业就业支持政策、用好消费帮扶支持政策。

一是引导村庄社区和农户选准庭院产业方向。尤其是帮助脱贫群众选准、选好有潜力、有前景的产业。说到底就是帮助发掘具有市场空间的产业，可以提供信息服务、产业发展咨询和指导服务等。鼓励庭院经济差异化发展，如一村一业、一村多业都可以探索。

二是提高庭院经济经营户的组织化程度。单家独户发展庭院经济是有困难的，只适合少数有特色的家庭去搞，如果一村、一乡、一县去鼓励发展庭院经济，就需要注重庭院产品和服务能不能卖得出去、卖得上价。要引入产业链的核心主体，如合作社、企业、集体经济组织等，通过"合作社+农户""公司+农户"等方式，将农户的庭院经济有效组织起来，形成规模并探索出多种利益联结机制。

三是注重庭院经济的规范化发展。长远来看，当一个地区的庭院经济发展到一定规模后，需要加强行业管理的规范性，如推动创建行业协会、联盟等，既做出品牌，发挥品牌效应，又有效避免劣币驱逐良币，形成区域内共赢的发展局面。

传融入农家乐、乡村旅游中，让更多人意识到保护生态环境的重要性。

(19) 在庭院发展设施农业有没有优势？

在庭院发展设施农业存在一些优势，主要有以下几点：

一是土地利用效率提高。设施农业利用垂直种植、层叠种植和容器种植等技术，最大限度地利用了有限的空间。通过垂直层叠种植，可以在有限的庭院空间种植更多的作物，增加产量。

二是季节延伸。设施农业使用温室、大棚种植等控制环境的方法，可以延长庭院种植季节，使作物在非常规的季节中生长，这有助于延长生长周期和提供多样化的农产品。

三是气候控制。设施农业能更好控制环境因素，如温度、湿度、光照和二氧化碳浓度等。这使得庭院种植的生长条件更加稳定，减少了对自然气候的依赖，有助于提高作物的产量和质量。

四是水资源管理。设施农业通常采用封闭式循环灌溉系统，能够减少水的浪费，有效管理和回收水资源。这对于水资源紧缺地区发展庭院种植具有重要意义。

五是农药和肥料管理。由于环境控制和监测能力的提高，设施农业可以更准确地管理农药和肥料的使用，减少庭院种植对环境的污染和资源浪费。

六是食品安全和品质控制。设施农业对环境的严格控制，可以更好地防治病虫害和病原体，减少农药残留。控制生长条件也有助于提高农产品的品质和口感。

然而，值得注意的是，在庭院发展设施农业也面临一些挑战，包括启动成本高、能源消耗、技术要求和运营管理较复杂等。因此，考虑在庭院中发展设施农业时，需要认真评估资源、经济和技术等方面的条件，权衡利弊。

㉒ 庭院适宜种植什么样的蔬菜？

农户可以根据当地气候条件和用途，选择适合庭院的小空间特点，符合家庭需求和市场需求的蔬菜品种。以下是一些适合在庭院种植的常见蔬菜：

叶菜类。以叶片为主要食用部分的蔬菜。例如菜心、油菜、

菠菜、小白菜、生菜等。这些蔬菜通常生长迅速，适应庭院小空间种植，可以整棵采摘。

花菜类。主要以未开放的花蕾或花序供食用的蔬菜。例如花椰菜（菜花）、西兰花等都是常见的花菜类蔬菜。

果菜类。主要是由花的子房发育而来的果实类蔬菜。例如黄瓜、丝瓜、冬瓜、苦瓜、南瓜、西葫芦等。番茄、辣椒、茄子等也属于这一类别。

菌菇类。一般是在特定环境下生长的真菌类食物。例如香菇、金针菇、木耳等都是人们日常饮食中常见的菌菇类蔬菜。

豆荚类。主要是以食用豆荚或豆粒为主的豆科植物。例如豌豆、扁豆、刀豆、四季豆等。

根茎类。主要是食用根或茎部的蔬菜。例如萝卜、胡萝卜、土豆、红薯等。这类蔬菜的根部可以在较小的空间中生长。

农户在庭院种植蔬菜时应注意每种蔬菜的生长要求，包括阳光、水分和土壤要求，尽量选择在庭院中长势喜人、产量较高和经济效益较好的品种。

㉑ 庭院能种植林果吗？

庭院通常可以种植一些林果树种，尤其是小型或矮化品种，以适应有限的空间和庭院环境。以下是一些适合在庭院中种植的林果树种：

小型苹果树。选择矮化的苹果品种，例如列克苹果、红星苹果、秋香苹果等。这些苹果树较为紧凑，适合在庭院中种植，以便收获美味的苹果。

柑橘类

小型苹果树

草莓　　　　　樱桃　　　　　葡萄

柑橘类。选择适合容器种植的柑橘类品种，如柠檬、橙子、柚子等。这些果树通常矮小，可以在盆栽或大型容器中种植，以便提供新鲜的柑橘水果。

草莓。草莓属于多年生草本植物，可以在庭院的花坛、悬挂篮或盆栽中种植。草莓植株矮小紧凑，果实可供食用，种植和管理相对简单。

樱桃。选择小型或矮化的樱桃树品种，例如樱桃雨后初晴、巴拉特、玛奇玛等。这些樱桃树可以适应庭院环境，提供美味的樱桃果实。

葡萄。某些葡萄品种适合在庭院中种植。选择小型或攀爬型的葡萄品种，提供支架或栅栏来支撑它们的生长。

在种植林果树种时，要考虑庭院的阳光照射、土壤质量和空间限制。为其提供足够的阳光和适宜的土壤条件，同时选择适应当地气候和生长环境的品种。定期进行修剪和管理,以确保树木的健康和适应庭院环境。

22 为什么说在庭院搞花卉种植能兼顾环境美化和家庭增收?

庭院花卉种植可以美化庭院环境。花卉种植可以为庭院带来美丽的花朵和多彩的植物,提升庭院的整体景观和视觉吸引力。各种鲜艳的花朵和绿色植物可以创造宜人的环境氛围,提升居住者的生活质量,为发展农家乐、乡村旅游吸引更

多的游客。花卉植物具有吸收二氧化碳、释放氧气的作用，可以改善庭院的空气质量。一些花卉还能吸收有害的空气污染物，如甲醛和苯等，有助于净化庭院环境。庭院花卉种植还可以增进人们的心理健康。研究表明，与观赏花卉接触可以带来积极的心理效应。庭院花卉种植为居住者提供了与大自然互动和放松的机会，可以减轻压力，促进情绪平衡，增进心理健康。

庭院花卉种植可以促进农户增收。农户可以根据市场需求选择受欢迎的花卉品种，种植和培育这些花卉，并将其出售给当地的花店、鲜花市场或直接向邻居和社区提供，这可以为家庭增加额外的收入。庭院花卉种植还可以专注于培育和销售花卉苗木。这些苗木可以供应给其他花农、园艺爱好者或者花卉种植者。这为家庭提供了另一种赚钱的机会。庭院花卉种植还可以通过环境美化促进农家乐、乡村旅游发展，间接增加农户收入。

因此，庭院花卉种植能够在美化环境的同时，为家庭带来经济效益，创造出一个宜人的生活环境和商业空间。

㉓ 在庭院发展盆栽产业应怎样解决材料问题和销售问题？

在庭院发展盆栽产业时，解决材料问题和销售问题是至关重要的。通过解决材料问题和销售问题，农户可以建立稳定的盆栽产业供应链，创造出稳定的销售渠道和客户群体，为庭院盆栽产业发展提供更好的机会和前景。

解决材料问题可以通过两种方式：

一是外部购买。寻找当地的苗木供应商、种植园或农场，建立合作关系。与他们合作，获取优质的盆栽苗木作为初始材料。确保苗木健康、品种多样且适应当地气候条件。农户应根据市场需求和销售计划，合理采购和管理苗木库存。确保根据需求调整苗木的数量和品种，避免过剩或缺货。

二是自行培育。培育盆栽苗木可以减少对外部供应的依赖。农户可以通过种子繁育、扦插或分株等方式进行苗木培育。

解决销售问题可以从以下几个环节着力：

一是市场调研和定位。进行市场调研，了解本地和周边地区的盆栽市场需求和趋势。确定目标客户，如个人消费者、花店、园艺中心、酒店等。根据市场需求定位自己的产品特色和定价策略。

二是建立销售渠道。与当地花店、园艺中心、农贸市场等建立合作关系，将盆栽苗木供应给他们。加入当地的园艺协会、花卉协会或其他相关组织。通过与专业团体合作，可以获得更多的市场机会和行业资源，提高业务的专业性和可信度。农户还可以考虑线上销售，建立自己的网店或通过电商平台销售。

三是市场宣传和推广。通过市场宣传和推广活动提高知名度和销售量。可以通过社交媒体、网络广告、展览、口碑传播等方式进行宣传。确保有吸引力的产品图片和描述，吸引潜在客户。

四是提供优质服务。提供优质的售前和售后服务，包括咨询、种植指导和售后保障。建立良好的客户关系，提高客户满意度和忠诚度。

（24）在庭院种植中药材对生长环境有没有特别要求？

在庭院种植中药材之前，应仔细研究每种中药植物的特性，根据当地的气候和环境条件做出选择，提供适当的生长条件和管理。

一是气候条件。 不同的中药材对气候条件有不同的要求。一些中药材喜欢温暖的气候，而另一些则喜欢凉爽的气候。在庭院种植中药材时，要先了解每种植物的喜好，选择适合当地气候的品种，提供适宜的温度和湿度条件。

二是光照需求。 许多中药材喜欢充足的阳光照射，但也有一些中药材对阴凉的环境更适应。了解每种中药材的光照需求，根据庭院的光照情况进行选择和安排。

三是土壤质量和排水性。 中药材对土壤质量和排水性要求较高，通常喜欢肥沃、疏松、排水良好的土壤。在庭院种植中药材时，应确保土壤富含有机质，适当改良土壤结构，保持良好的排水性。

四是施肥和养分管理。 中药材通常需要适当的营养和肥料供应。了解每种中药材的养分需求，根据需要适量施肥。可以选择有机肥料和天然的植物营养素来满足中药材的生长需求。

五是病虫害管理。 中药材可能对病虫害比较敏感，需要采取相应的病虫害管理措施。定期检查植物的健康状况，及时发现并处理病虫害问题，可以让中药材健康生长和提升品质。

六是收获和处理。 中药材的收获和处理过程需要特别的关注。了解每种中药材的收获时机和方法，进行适当处理和储存，确保保留药用价值。

㉕ 在庭院种植中药材的经济效益主要受哪些因素影响？

庭院中药材种植的经济效益是受多种因素影响的：

一是市场需求。中药材的市场需求是影响经济效益的关键因素。不同地区和市场对不同中药材的需求程度各异。在决定种植中药材之前，需要进行市场调研，了解当地市场对中药材的需求和价格情况。

二是品种选择。中药材的品种选择对经济效益有重要影响。一些中药材的市场需求较高，价格较稳定，可以带来较好的经济回报。选择具有市场竞争力和高附加值的中药材品种，有助于提高经济效益。

三是生产成本。种植中药材的生产成本包括种子或苗木采购、土壤改良、施肥、灌溉、病虫害防控等方面。控制生产成本，合理利用资源，可以提高经济效益。

四是产量和质量。中药材的产量和质量对经济效益有直接影响。通过合理的管理和栽培，如适当的施肥、灌溉和病虫害防控，可以提高产量和提升中药材品质，增加经济收益。

五是销售渠道和价格。建立稳定的销售渠道是实现经济效益的关键。与当地花店、药店、中药材批发商等建立合作关系，寻找适合的销售渠道。同时，了解市场价格和市场趋势，以适时销售和获取更好的价格。

总之，庭院中药材种植的经济效益是受多种因素影响的，会因地区、品种和个人经营能力的差异而有所不同。为了提高庭院中药材种植的经济效益，决定在庭院种植中药材时，要有充分的市场调研和经济评估，了解当地市场需求、价格和潜在回报，以便做出明智的决策。

26 庭院食用菌栽培主要包括哪些品种?

庭院食用菌栽培可以选择多种品种,常见品种主要包括:

平菇。平菇是一种常见的食用菌,有白色和褐色两个品种。它们适合在庭院中栽培,能提供丰富的营养价值和美味的口感。

香菇。香菇是一种受欢迎的食用菌,具有独特的香味和口感。它们适应性强,可以在庭院中通过培养基和木屑等介质进行栽培。

金针菇。金针菇是一种富含营养的食用菌,味道鲜美。它们通常可以在木屑基质或秸秆中进行庭院栽培。

黑木耳。黑木耳也被称为侧耳菇，是一种常用的食用菌。它们适合在木质基质上栽培，能提供多样化的菜肴选择。

杏鲍菇。杏鲍菇是一种味道鲜美且营养丰富的食用菌。它们适应性强，可以在庭院中栽培，特别适宜在废弃的木材或秸秆基质上栽培。

鸡腿菇。鸡腿菇具有鲜明的橙色外观，质地柔软，味道鲜美。它们可以在庭院中栽培，特别适宜在树木的残木上栽培。

这些品种的适应性较强，适合在庭院中栽培。栽培方法和基质选择会因品种而有所不同，因此在开始种植前，建议研究每种菌种的栽培要求并求得技术指导。

（27）农户该如何应对庭院食用菌栽培中面临的难题？

农户在庭院食用菌栽培中可能会面临许多难题，以下是一些常见的难题和应对建议：

一是材料供应。食用菌栽培需要适当的基质材料，如木屑、秸秆等。农户可以寻找当地的供应商或合作社，采购这些基质材料。农户也可以自行收集和处理适合栽培的基质材料，如树木的残枝、秸秆等。

二是栽培知识和技术。食用菌栽培涉及特定的技术和知识，农户可以参加相关的培训课程或研讨会，学习正确的栽培技术。可以寻找有经验的农户或专业人士请求咨询和指导，确保正确的栽培方法和管理措施。

三是病虫害管理。食用菌栽培中可能会遇到病虫害问题，如真菌感染、虫害等。农户需要学习如何识别和处理这些问题，如采用生物防治、合理的温湿度管理、适当通风等措施来预防和控制病虫害。

四是资金和设备投入。食用菌栽培通常需要一定的资金投入，包括购买种子或菌种、基质材料、栽培设备等。农户可以制订预算计划，逐步投入资金，并根据经济状况和市场需求来决定投资规模和节奏。

五是市场销售。农户需要寻找适当的市场销售渠道，包括当地的菜市场、社区合作社、餐饮店等。建立稳定的销售渠道和合作关系，与购买者建立信任和合作，有助于农户顺利销售产品和增加经济回报。

食用菌栽培是一个不断学习和改进的过程。农户需要坚持学习和实践，积累经验，并与其他农户、专家或行业组织保持交流和合作。通过合理规划、科学管理和面向市场需求，农户可以克服难题，不断提高栽培技术和管理水平，提高产量和经济效益。

(28) 怎样打造庭院微菜园、微果园？

打造庭院微菜园、微果园可以让农户充分利用有限的庭院空间种植蔬菜和水果，既美化环境又促进增收。

一是规划空间。评估庭院的空间和可用面积，根据实际情况进行规划，确定适合种植的区域，并考虑阳光照射、排水情况和可行性。

二是选择适合的作物。根据庭院的气候、土壤和光照条件，选择适合种植的蔬菜和果树品种。考虑到有限的空间，选择矮化或适宜容器种植的品种。

三是充分利用庭院空间。如利用垂直空间可以增加种植面积。农户可以使用垂直支架、格栅或墙面等结构，让蔬菜藤蔓或蔓延型水果沿着垂直空间生长。使用容器进行种植也是在有限空间中打造微菜园、微果园的常见方法。农户可以选择适当大小的容器，如盆、花箱、悬挂篮等，根据作物的需求进行种植。

四是合理安排种植时间。合理安排季节性种植，确保全年有连续的农产品供应。根据作物的生长周期和季节要求，选择合适的时间进行播种或移植。

五是定期管理和维护。定期进行浇水、施肥、修剪和除草等管理工作，确保作物健康生长。密切观察作物的健康状况，及时处理病虫害问题。

六是改善生态系统。为庭院微菜园和微果园提供良好的生态环境，例如引入有益的昆虫、鸟类和蜜蜂等，有助于自然控制害虫，促进作物生长。

农户应通过参加园艺课程、阅读相关图书或与其他园艺爱好者交流，不断学习和改进种植技术，提高庭院微菜园和微果园的管理水平。通过合理规划、选择适合的作物、精心管理和持续改进，农户可以在庭院中打造一个兼具美观和产量的微菜园、微果园。

(29) 庭院种植在设计与布局时应重点考虑哪些内容？

在设计和布局庭院种植时，农户应重点考虑以下内容：

一是空间利用。考虑庭院中的可用空间，根据种植需求和个人偏好进行规划，确定种植区、行走区、娱乐区等功能区域，合理分配不同作物的需求空间。

二是作物选择。根据庭院的气候、土壤和光照条件选择适合种植的作物。考虑作物的生长高度、生长速度和形状，确保作物能够在庭院中适应并不互相干扰。

三是环境搭配。统筹考虑作物的色彩、形态、栽种方式和庭院院墙的高低及色调、院内摆件的形状及摆放位置等，通过好的搭配有效利用庭院空间，同时也能打造出赏心悦目的庭院风景。

四是阳光照射。观察庭院中各个区域的阳光照射情况，确定哪些区域可以获得充足的阳光，以便种植需要充足阳光的作物。

五是土壤和排水。了解庭院的土壤质量和排水情况。测试土壤的酸碱度、肥力和排水能力。根据测试结果选择适合的作物和土壤改良方法。

六是水源和灌溉。考虑庭院的水源和灌溉系统，确保方便获取水源，并根据作物的灌溉需求选择合适的灌溉方式，如喷灌、滴灌或手动浇水。

七是季节变化。考虑庭院在不同季节的变化和作物的生长周期，选择具有不同季节花期的作物，以保持庭院的景观美感和连续的花朵或果实产量。

八是可持续性和生态环境。考虑使用有机肥料、天然农药和可再生资源，减少对化学物质的依赖，尽量模拟自然生态系统。

通过综合考虑以上内容，农户可以设计和布局出一个美观、实用和可持续发展的庭院种植环境。

30 庭院特色种植产品要怎样才能既卖得出去又卖得上价？

要使庭院特色种植产品既能卖得出去又能卖得上价，农户可以考虑以下策略：

一是市场调研。 在开始种植之前，先进行市场调研，了解目标客户的需求和偏好，了解当地市场的需求量、价格范围以及竞争对手的情况，以便确定种植的品种和数量。

二是品质保证。 确保种植的产品质量优良。注重种子或苗木的选择，合理施肥、病虫害管理和适时采摘，以确保产品的口感、外观和保鲜性。提供新鲜、健康的产品，能够吸引顾客并建立良好的口碑。

三是品牌建设。 为庭院特色种植产品打造独特的品牌形象，通过起一个有意义的品牌名称，设计形象的商标和包装，使产品在市场上更加吸引人。建立品牌的价值观，与顾客建立情感联系。

四是渠道选择。 选择适合庭院特色种植产品的销售渠道，如当地的农贸市场、直销店、农场门店、餐饮店等。根据目标客户群体和产品特点选择最合适的销售渠道，以提高销售量和利润。

五是宣传推广。 利用多种营销手段来宣传和推广产品，可以通过社交媒体、网站、传单、口碑推荐等方式提高产品的曝光度。与当地社区、餐厅或酒店建立合作关系，扩大产品知名度和销售范围。

六是顾客服务。 提供良好的顾客服务，与顾客建立良好的关系。回应顾客的反馈和问题并及时解决，提供专业的种植建议和食用指导。满足顾客的需求，提供额外的价值和体验，建立忠诚的顾客基础。

通过综合运用以上策略，农户可以让庭院特色种植产品既卖得出去，又卖得上价。关键是了解市场需求，提供高质量的产品，打造品牌形象，并与顾客建立良好的关系。

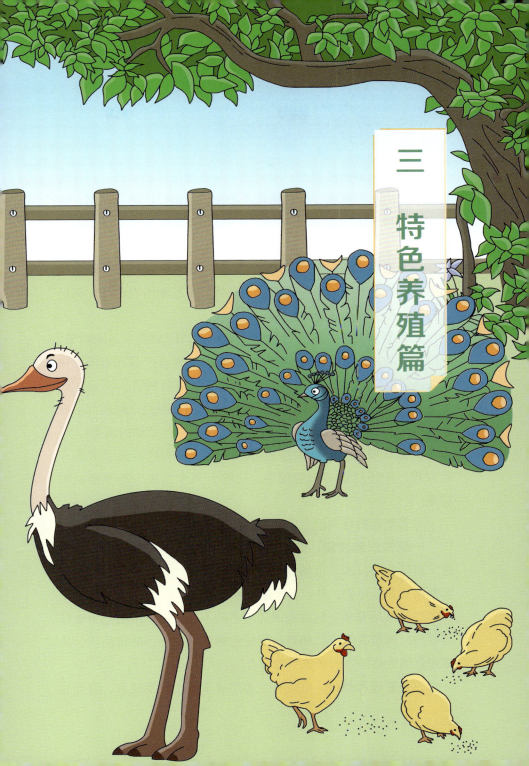

三 特色养殖篇

庭院特色养殖是指在自家庭院中从事养殖活动，既包括传统家畜家禽的高效养殖，也包括各类肉用、毛用、皮用、药用、观赏用的特种经济动物，以及一些经济昆虫。庭院特色养殖具有广阔前景：

一是市场需求。消费者对健康食品和特色产品的需求越来越高。庭院特色养殖可以提供新鲜、有机、可追溯的农产品，满足人们对食品安全和品质的要求。

二是利润潜力。庭院特色养殖通常以高附加值产品为对象，例如特殊品种的畜类、禽类、鱼类、昆虫。这些产品在市场上往往能够以较高的价格销售，为养殖者带来较高的利润。

三是空间利用。庭院特色养殖可以利用有限的空间进行小规模养殖活动，为农户提供了一种在家中从事生产活动的机会。

四是环境友好。庭院特色养殖通常采用有机养殖、生态养殖方式，对环境影响相对较小。这符合当今发展生态养殖业的趋势。

尽管庭院特色养殖有广阔发展前景，但也要注意以下挑战：

一是知识和技能。庭院特色养殖可能需要特定的知识和技能，包括养殖技术、市场营销、经营管理等。养殖者需要学习和掌握相关专业知识，补短板，强技术，避风险。

二是市场竞争。随着我国养殖业的不断发展，市场竞争也日趋激烈。养殖者需要找到自己的特色和竞争优势，通过品质、品牌和营销策略等方面来吸引消费者。

三是管理和规模。庭院特色养殖通常是小规模经营，管理和运营成本相对较高。养殖者需要有效管理资源、时间和人力，以确保养殖业务的可持续发展。

综上所述，庭院特色养殖在满足市场需求、创造利润、利用有限空间等方面具有良好前景。但成功开展庭院特色养殖需要充分的准备和努力。

（32）在庭院搞特色养殖之前需要做好哪些准备工作？

一是市场调研。了解当地市场对特色养殖产品的需求和潜在竞争情况。研究目标消费群体的偏好和购买力，明晰养殖哪种特色品种或产品更有市场潜力。

二是知识和技能学习。深入了解所选择特色养殖品种或产品的养殖技术和管理要点。学习相关的养殖知识，包括场地要求、养殖环境、营养管理、疫病防治等方面的内容。可以通过参加培训课程、研讨会或请教专业人士来提升自己的技能。

三是时间和资源管理。评估自己的时间和资源可用性，合理规划和分配养殖活动所需的时间、人力和资金。制订适当的工作计划和生产计划，以便能够有效地管理庭院特色养殖业务。

四是庭院规划和准备。评估庭院的可利用空间和条件，根据所选特色养殖品种的特点，合理布局养殖区域。做好相应准备工作，确保有足够的光照、水源、适宜的温度条件和妥善的粪污处理渠道。

五是资金计划。制订详细的财务计划，包括投资成本、运营费用和预期收入。考虑养殖设备、种畜种禽、防疫措施和市场推广等方面的资金需求，确保有足够的资金支持养殖业务的启动和运营。

六是市场营销策略。制定市场推广和销售策略，包括品牌建设、包装设计、定价策略和销售渠道选择等。考虑与当地农贸市场、餐饮店、社区团体或线上平台等合作，扩大销售渠道和提高产品知名度。

七是法规和许可证。了解所在地区的相关法规和养殖许可要求。确保养殖活动符合法律规定，并按程序申请所需的许可证或证书。

这些准备工作将有助于农户开展庭院特色养殖之前建立一个坚实的基础，提高庭院养殖的成功机会。开展庭院特色养殖时，农户应保持学习和不断改进的心态，以适应市场变化和养殖技术的更新。

（33）庭院特色养殖要追求适度规模吗？

追求庭院特色养殖的适度规模是非常重要的，因为过小规模可能无法达到较高的经济效益，而过大规模可能难以有效管理和维持。选择养殖规模应考虑多个因素，包括庭院大小、资源可用性、市场需求、时间和管理能力等。

一是庭院大小。根据庭院大小确定养殖的适宜规模，确保养殖活动能够在庭院内得到合理布局，并有足够的空间容纳所选特色养殖品种。

二是资源可用性。评估可用的资源，包括土地、水源、阳光等，确保养殖规模与可用资源相匹配，避免资源的浪费或不足。

三是市场需求。了解当地市场对特色养殖产品的需求量。根据市场需求的大小和潜在销售机会，决定养殖规模是否需要扩大或缩小。

四是时间和管理能力。考虑可以投入的时间和管理能力。庭院特色养殖通常需要一定的管理和维护工作，包括饲料供应、饮水保障、环境维护、疾病防治等。确保有足够的时间和相应的能力有效地管理所选择的规模。

五是经济效益。评估所选择规模的经济效益，考虑投资成本、运营费用和预期收入，确保养殖规模可以实现较好的经济效益。

六是生态环境效益。庭院特色养殖的规模不仅要关注产量和利润，还应注重生态、环境和社区融合等方面的目标。选择适度规模有助于在庭院特色养殖中实现经济效益和生态效益的平衡。

选择适度规模时，建议先从小规模开始，逐步扩大。这样可以降低风险，逐步积累经验和了解市场反应，然后根据情况适时调整规模。

(34) 庭院中适合养殖哪些家禽品种？

在庭院中养殖家禽可以提供新鲜的禽肉、蛋类和肥料，同时也可以作为宠物和庭院景观的一部分。在选择家禽品种时，考虑以下因素：

一是当地气候条件和适应性。选择适应当地气候条件的品种，确保它们能够在庭院环境中健康成长。

二是空间要求。了解不同品种的空间要求，确保庭院有足够的空间容纳养殖家禽。

三是饲养和管理要求。不同品种有不同的饲养和管理要求，包括饲料、饮水、适宜的栖息地等。确保能够提供养殖所需的饲养条件和管理措施。

四是目标产出。根据市场需求和养殖兴趣，选择适合产蛋或供应禽肉的品种。

五是法律法规。在养殖家禽之前，确保了解当地法规和许可要求，以确保养殖活动合法并符合相关规定。

适合在庭院中养殖的常见家禽品种主要包括：

鸡（家养鸡）。鸡是最常见的家禽，适合在庭院中养殖。品种包括蛋鸡和肉鸡。蛋鸡品种如褐壳蛋鸡和白壳蛋鸡可以提供新鲜的蛋类，肉鸡品种如肉用种鸡和肉用鸡则适合供应禽肉。

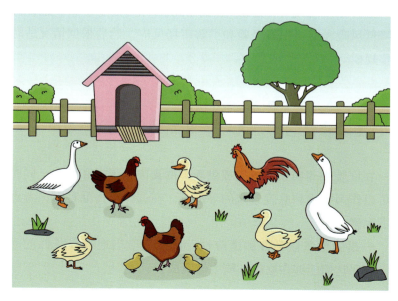

　　鸭。鸭是另一种常见的家禽品种，适合在庭院中养殖。鸭肉有很高的营养价值，而且鸭蛋也受到许多人的喜爱。常见的鸭品种包括北京鸭、肉用鸭和蛋鸭等。

　　鹅。鹅肉和鹅蛋在一些地区也很受欢迎。庭院中养殖的鹅品种包括灰鹅和白鹅等。

(35) 发展庭院家禽养殖应把握哪些要点？

　　把握好发展庭院家禽养殖的要点，可以确保养殖活动的健康、可持续和经济效益。

　　一是品种选择。考虑养殖目的是产蛋还是供应禽肉，选择适合当地气候和庭院条件的家禽品种。

　　二是空间规划。评估庭院的大小和布局，确保家禽有足够的活动空间和栖息地。养殖设施应该符合相应的规格和标准，如鸡舍、鸭舍或栖息场所。

　　三是饲养管理。制订合理的饲养管理计划，包括饲料供应、饮水管理、清洁卫生等。提供适宜的饲料，保持饮水清洁和充足供应，定期清理圈舍或栖息场所。

　　四是饲料和营养。提供高质量的饲料，确保家禽获得充足的营养。了解不同品种家禽的饲料需求和营养要求，以满足它们的生长和生产需求。

　　五是环境适应。为家禽提供适宜的环境条件，包括温度调控、通风、日照等。根据季节和气候变化，适时调整养殖环境。

　　六是防疫措施。制订防疫计划，包括疫苗接种、定期检查和疾病防治等。与兽医合作，提升家禽健康保障能力，采取预防措施，减少疾病传播风险。

七是市场销售。制定市场销售策略，包括产品定价、渠道选择、品牌推广等。寻找当地农贸市场、餐饮店、社区团体或线上平台等销售渠道，推广和销售家禽产品。

八是合规要求。遵守当地法规和养殖许可要求，确保养殖活动合法并符合相关规定。了解并遵守养殖标准、动物福利和环境保护要求。

九是持续学习和改进。不断学习和更新养殖知识，关注行业趋势和最佳实践。参加培训、研讨会或与其他养殖者交流，以提高养殖技能。农户在养殖过程中还需要付出努力和耐心，学习各种技能，以适应不同的挑战和需求。

(36) 哪些特种动物适合在庭院养殖？

在庭院养殖特种动物通常可以创造更高的经济效益，也可以给庭院增添独特的魅力和观赏价值。以下是一些适合在庭院养殖的特种动物：

兔子。兔子是可爱的动物，适合在庭院中养殖。它们对空间要求相对较小，可以在合适的饲养设施中自由活动。兔子的品种多样，有着不同的毛色和体型，适合作为伴侣动物和观赏动物。

小型鹿类。一些小型鹿类，如矮小鹿、黑尾鹿等，适合在庭院养殖。它们体型相对较小，具有优雅的外貌和温顺的性格，成为人们喜爱的观赏动物。

野生鸟类。一些野生鸟类，如鹦鹉、文鸟、鹬鸟等，适合在

| 兔子 | 小型鹿类 | 野生鸟类 |
| 珍禽 | 水生动物 | 昆虫 |

庭院养殖。这些鸟类以其多彩的羽毛和鲜艳的外观而受到欢迎。在适当的环境中，它们可以成为庭院中生动活泼的观赏对象。

珍禽。珍禽包括孔雀、火鸡、鸵鸟等。它们以其美丽的羽毛和独特的外观而受到人们的喜爱。这些珍禽在庭院中可以成为亮丽的景观和观赏的焦点。

水生动物。庭院的小型池塘或水体可以养殖一些水生动物，如龟类、金鱼、锦鲤等。它们不仅提供观赏价值，还有助于维持庭院生态平衡。

昆虫。在庭院养殖昆虫，如蜜蜂、蝴蝶等。蜜蜂养殖可以提供蜂蜜和蜜蜂产品，而蝴蝶养殖则可作为观赏和保护昆虫的一种方式。

在养殖特种动物之前，了解它们的饲养需求、行为特点和法规要求是至关重要的。确保有足够的知识和资源来提供它们所需的适宜环境、饲料和照顾。同时，遵守当地法规和许可要求，确保养殖活动合法并符合相关规定。

(37) 庭院特种动物养殖应从哪几个方面着手？

在庭院养殖特种动物时，可以从以下几个方面着手：

一是研究和了解。 在养殖特种动物之前，深入研究和了解所选择的特种动物的饲养需求、行为习性、健康管理和繁殖要点等方面的知识。阅读有关特种动物的专业图书、参加培训课程或寻求专家的指导。

二是饲养环境和设施。 根据特种动物的需求，合理规划和准备饲养环境和设施。这包括提供适宜的栖息地、温度调节、通风、防护措施等，确保饲养环境符合特种动物的生活习性和健康需求。提供合适的围栏、栖息地保护、防护网或屏障等，防止特种动物逃脱、遭受损害或攻击其他动物。

三是饲料和营养。 了解特种动物的饲料需求和营养要求，提供营养饲料，做到饲料的种类、成分和供应量能满足特种动物的生长和健康需求。

四是健康管理。 加强健康管理和疾病预防措施，确保养殖动物的健康。建立定期的健康检查和疫苗接种计划，采取有效的卫生和防疫措施。

五是管理和记录。 建立良好的管理和记录系统，记录特种动物的生长、繁殖、健康状况和经济效益等方面的信息。分析记录的数据，优化养殖策略和管理决策。

六是市场销售和推广。 制定市场销售策略，包括品牌推广、销售渠道选择和客户群体定位等。了解市场需求和竞争情况，并与潜在客户建立良好的合作关系。

七是法规和许可证。 了解和遵守当地法规和许可要求。特种动物养殖可能涉及一些法规限制和养殖许可证要求，要确保养殖活动合法并符合相关规定。

以上是养殖庭院特种动物时的一般方面。具体的养殖计划和实施步骤可能因特种动物的不同而有所差异。在养殖特种动物之前，最好咨询专业人士或从事类似养殖活动的人员，获取更具体的建议和指导。

(38) 应从哪些方面改善庭院养殖条件？

一是环境调整。评估庭院的环境条件，包括阳光照射和风向、供水排水情况、畜禽粪污处理等因素。根据所养殖动物的需求进行必要的环境调整。例如，提供合适光照和温度条件、增加或改善供水排水系统、保持养殖场地清洁干净、妥善处理畜禽粪污等。

二是设施和设备改进。改善和更新养殖设施设备，以提供更好的生活条件和提高管理效率。这可能包括修复和加固栖息地或圈舍、增加舒适的休息区、提供适宜的饮水区和饲料器具、改善通风和温度控制条件等。

三是饲料和营养优化。了解养殖动物的饲料需求和合理的供应量，提供高质量的饲料和补充适当的营养食物。优化饲料和营养供应，确保养殖动物获得充足的营养。

四是健康管理和疾病预防。建立健康管理计划，包括定期健康检查、预防措施、疫苗接种和疾病处理等。与兽医合作，定期进行健康检查，并遵循兽医的建议和指导。

五是安全和防护加强。提高安全性和防护措施，保护养殖动物免受外部威胁。这可能包括加固围栏或栖息地、安装防护网或屏障、采取适当的防护措施以防止捕食者进入等。

六是环境保护和可持续发展。农户在发展庭院养殖中应始终注重环境保护和可持续发展的理念，采用环保的饲养方法，合理利用资源，减少浪费和污染，保护生态环境，这有助于持续改善庭院养殖条件。

（39）当前的庭院养殖模式主要有哪些？

当前的庭院养殖模式主要分为庭院陆地养殖、庭院水体养殖、水陆结合养殖三种主要类型，每个大类又有一些细分模式：

一是庭院陆地养殖。庭院陆地养殖是指利用庭院资源进行陆生动物养殖，主要包括单一养殖模式、复合养殖模式、立体养殖模式、设施养殖模式、综合利用模式。其中，单一养殖模式是在庭院从事某一单个养殖项目的相对较大规模的养殖；复合养殖模式是在庭院同时进行多个相互联系的养殖；立体养殖模式是根据不同动物的生活习性和生态要求，形成地下、地面、空间多层次、多结构、多项目的密集型养殖，以提高空间利用率和经济效益；设施养殖模式是充分利用庭院人工环境，增加和改善庭院环境控制设施，改善动物的生长发育条件和疾病防治条件，以便获得较高的经济效益；综合利用模式是在立体养殖基础上，再结合庭院其他生产项目，建立种、养、加相结合的综合利用模式，提高系统的整体效益。

二是庭院水体养殖。庭院水体养殖多采用水体立体养殖模式，即在同一水体中，根据各种水禽、鱼类和其他特种水生生物的生活习性和取食特点，实行分层养殖和混养。

三是水陆结合模式。 水陆结合的庭院养殖模式是指根据庭院水体和陆地资源的状态，利用不同的陆生生物和水生生物生活习性和对生态环境要求方面的差异，统筹配套陆地养殖项目和水体养殖项目，从而提高庭院养殖效益。广泛流行于珠江三角洲和江南水网地区的庭院基塘系统，是一种典型的水陆结合养殖模式。基塘系统一般由基面陆地亚系统和鱼塘水体亚系统构成。根据基面所安排的生物种类不同，基塘系统又可以分为桑基鱼塘、果基鱼塘、菜基鱼塘等类型。

㊵ 什么是庭院立体种养？

庭院立体种养是一种将种植和养殖结合起来的庭院农业模式，通过利用垂直空间，开展不同层次的种植和养殖活动，最大化利用庭院空间和资源。庭院立体种养包含垂直种植、垂直养殖、垂直整合三大要素：

一是垂直种植。 利用垂直种植架、层架或垂直种植系统，在庭院中垂直堆叠植物种植。通过层层叠加的种植架或容器，将植物种植在不同的高度，有效利用垂直空间，增加种植面积。

二是垂直养殖。 类似于垂直种植，通过使用层层叠加的饲养架或饲养系统，开展不同高度的养殖活动。包括鸟类、兔子、鱼类等庭院养殖动物的垂直饲养。

三是垂直整合。 将种植和饲养相互整合，形成一种循环系统。例如，在庭院中种植蔬菜或水生植物，同时利用鱼类或水生动物的排泄物作为肥料，为植物提供养分，植物吸收和过滤水体中的废物，提供清洁的水环境供养殖动物使用。

庭院立体种养有两大优点：

一是最大化地利用庭院空间。减少对土地的需求，增加种植面积和养殖空间，适合于空间有限的庭院环境。

二是提高种养效率。通过多层次的种植和养殖，可以形成循环系统，实现资源的循环利用，提高资源利用效率和经济效益。

庭院立体种养需要根据庭院条件和个人需求进行规划和设计。关键是合理选择和组合种植的植物及养殖的动物，确保它们的需求和相互关系得到满足。要注意管理和维护的要求，包括适当的光照、水源和营养供应等。

41 怎样提高庭院特色养殖户的生产管理水平？

要提高庭院特色养殖户的生产管理水平，可以采取以下措施：

一是持续学习和培训。养殖户应持续学习和更新相关知识，了解最新的养殖技术和最佳实践。参加培训课程、研讨会或专业讲座，与其他养殖户交流经验和分享知识。

二是专业指导和咨询。寻求专业兽医、农业专家或农业扩展服务的指导和咨询。专业的意见和建议可以帮助养殖户改进管理方法、解决问题和提高生产效率。

三是记录数据并分析。建立良好的记录系统，包括养殖活动、生产数据、健康状况等。通过记录数据和分析，养殖户可以了解生产过程中的关键指标和趋势，帮助做出更明智的管理决策。

四是饲料和营养管理。了解养殖动物的饲料需求和营养要求，并提供高质量的饲料。合理安排饲料供应，确保动物获得充足的营养，同时避免过度喂养。

五是预防措施和健康管理。建立健全的预防措施和健康管理计划，包括疫苗接种、定期检查、疾病预防和控制等。定期检查养殖动物的健康状况，及时采取措施防止疾病传播。

六是环境优化。改善养殖环境，包括栖息地、温度调控、通风、饲养设施等。根据养殖动物的需求，提供适宜的环境条件，创造有利于生长和生产的环境。

七是经济管理和市场推广。进行经济管理和市场推广，包括成本控制、市场营销和产品品牌建设等。建立合理的定价策略，开拓销售渠道，提高产品的市场竞争力和盈利能力。

八是风险管理。识别和管理养殖过程中的风险因素，制定相应的风险管理计划。这可能涉及疫病风险、气候灾害、供应链问题等方面的管理。

九是依法合规经营。了解并遵守当地法规和养殖许可要求，确保养殖活动合法并符合相关规定。遵循动物福利标准和环境保护要求，保证养殖的可持续性和承担起相应的社会责任。

㊷ 为什么要推动庭院养殖融入当地现代养殖业生产体系？

推动庭院养殖融入当地现代养殖业生产体系有以下几个重要原因：

一是能够实现规模效应，提高市场竞争力。现代养殖业的规模化生产和市场化运作可以带来规模效应和市场竞争力。将庭院养殖融入现代养殖业体系可以通过农民合作经济组织或养殖协会等形式，实现规模化生产、资源整合和市场开拓，提高庭院养殖的市场竞争力。

二是提升生产效益。现代养殖业采用科学的养殖管理手段，可以提高生产效益和产量。将庭院养殖融入现代养殖业生产体系，可以借鉴现代养殖业的先进技术、管理经验和市场运作模式，提高庭院养殖的生产效率和经济效益。

三是提高产品质量和安全水平。现代养殖业注重养殖环境、饲料质量、动物健康管理等方面的标准和监管。将庭院养殖融入现代养殖业体系可以借助现代养殖业的监控体系，确保庭院养殖的动物健康和产品质量，提高食品安全水平。

四是有助于可持续发展。现代养殖业注重可持续发展，包括资源利用、环境保护、动物福利等方面的考虑。将庭院养殖融入现代养殖业体系可以借鉴现代养殖业的可持续发展理念和实践，通过科学的养殖管理和环境保护措施，促进庭院养殖的可持续性和生态友好性。

五是推动农村经济发展。庭院养殖的发展对于农村经济发展和农民增收具有重要意义。将庭院养殖融入现代养殖业体系可以带动农村经济发展，增加农民的收入和就业机会，促进农村地区的经济繁荣和社会稳定。

43 为什么要人畜分离？

人畜分离是指在农村养殖区域中将人类居住区和畜禽养殖区

分隔开来，以保持人畜之间的一定距离和隔离状态。实行人畜分离的几个重要原因包括：

一是控制疾病传播。 人畜之间存在疾病传播的风险，包括病毒、细菌、寄生虫等。通过人畜分离，可以降低人畜之间疾病传播的可能性。这有助于保护人类健康，预防和控制畜禽疫病的传播。

二是食品安全和卫生。 畜禽养殖场和人类居住区的分离可以减少人类暴露于动物粪便、气味、噪声等可能的卫生问题。这对保障食品质量、减少食源性疾病的风险具有重要意义。

三是环境保护。 将畜禽养殖区与人类居住区分开，可以减少噪声、气味和其他潜在的不便和冲突，改善农民的生活环境和居住条件。

四是动物福利。 人畜分离有助于保护畜禽的健康和福利。

在合适的距离和隔离条件下，可以减少动物与人类之间的冲突和压力，提供更好的养殖环境和条件，以促进动物的健康和生长。

总的来说，人畜分离是为了保护人类健康、控制疾病传播、确保食品安全和卫生、保护环境、提升农村生活质量和提高动物福利。它是一种重要的农业和社会管理措施，旨在实现人畜和谐共处、可持续发展和生态平衡。

（44）发展庭院特色养殖时应怎样处理好畜禽粪污？

一是农田利用。将畜禽粪污直接用于农田施肥。在使用前，要根据土壤条件和肥料需求进行科学配比和施用控制，避免过量施肥造成环境污染。

二是堆肥处理。将畜禽粪污与庭院中的有机废料（如植物秸秆、厨余垃圾等）混合，进行堆肥处理。堆肥过程中，定期翻堆、通风，促进有机物的分解和腐熟，最终产生的堆肥可作为有机肥料，用于庭院种植或花草养护。

三是沼气发酵。将畜禽粪污放入沼气池中进行沼气发酵。沼气发酵过程中，畜禽粪污会产生沼气，可用于煮饭、照明等。沼渣也是一种有机肥料，可用于庭院种植。

四是生物滤池。利用生物滤池处理畜禽粪污中的氮、磷等污染物。生物滤池通过生物降解和吸附作用，将畜禽粪污中的污染物转化为无害物质，净化废水。处理后的废水可以用于灌溉或回收利用。

五是固液分离。采用分离设备，将畜禽粪污中的固体和液

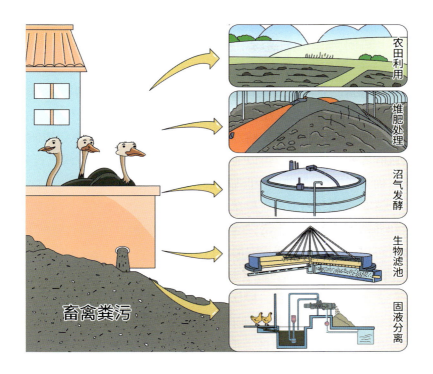

体分离开来。固液分离可以减少废物的体积，便于储存、处理和运输。固体部分可以用于堆肥处理，液体部分则需要进一步处理。

　　处理畜禽粪污的方法应根据庭院养殖规模和粪污产生量，选择适当的处理方法。在实施前，最好咨询专业人士或当地农业农村部门的指导，确保处理方法的安全性、有效性和环境友好性。无论采用哪种处理方法，都要注意三点：一是卫生和防护措施，避免直接接触粪污，减少感染传染病的风险；二是控制畜禽粪污的堆放和储存，避免臭味扩散和污染周围环境；三是遵守国家和地方环境保护法规和政策，确保依法合规和可持续性。

45 如何合理规划庭院生活区和庭院养殖区？

合理规划庭院生活区和庭院养殖区可以使两者协调发展，提高庭院的功能性和美观性。以下是一些建议：

一是区分功能区域。将庭院划分为不同的功能区域，明确生活区和养殖区的边界。可以通过围栏、篱笆、植物等方式进行分隔，确保两个区域的功能和活动相对独立。

二是合理利用空间。根据庭院的大小和形状，合理安排生活区和养殖区的位置。生活区通常应靠近入口和主要活动区域，养殖区可以位于较为隐蔽或安静的区域，确保两个区域之间有足够的空间，便于活动和管理。

三是做好设施布置。根据具体的养殖类型和生活需求，合理布置相应的设施和设备。对于生活区，考虑家居设施、休闲区、户外用具等。对于养殖区，根据养殖类型选择适当的饲养设施、栖息地和防护措施。

四是考虑光线和通风。对于生活区和养殖区，都需要充足的阳光和良好的通风条件。选择合适的位置和朝向，使两个区域都能获得适当的光照和空气流通。

五是注意噪声和气味控制。在规划时要考虑养殖区可能产生的噪声和气味问题，尽量将其远离生活区，以避免影响居住和休闲的舒适性。可以通过合适的距离、设置屏障和植物等方式进行控制和隔离。

六是注重美化和绿化。在庭院规划中注重美化和绿化，使生活区和养殖区都能融入自然环境。种植适合庭院的植物，布置花草盆栽和景观装饰，提升整体的美观性和舒适感。

七是确保安全卫生。 在规划时要注意安全和卫生问题，确保庭院的走道和通道畅通无阻，避免潜在的危险因素，为养殖区和生活区提供适当的卫生设施，如垃圾处理、洗手设施等。

八是定期维护和调整。 庭院规划是一个动态过程，需要定期维护和调整生活区及养殖区的布局、设施和功能，以适应不同阶段的需求。

总之，合理规划庭院生活区和庭院养殖区需要综合考虑功能、空间利用、光照通风、噪声气味控制、美化绿化等因素，以实现功能的协调和提升庭院的整体品质。

(46) 发展庭院特色养殖时应怎样强化动物防疫？

在发展庭院特色养殖时，动物防疫是至关重要的。强化动物防疫应重点做好以下环节：

一是科学养殖规划。 合理规划和控制养殖规模，避免过度密集饲养。合理安排栖息空间，减少养殖动物之间的竞争和压力，提高抗病能力。

二是饲养管理。 做好合理的饲养管理，提供适宜的饲料、水源和环境条件，充分满足畜禽的营养需求，提高其免疫力和抗病能力。

三是养殖场环境卫生。 保持养殖场的清洁和卫生，定期清理和消毒栖息地、饲养设施、饲养工具和周围环境。清除废弃物和粪污，减少病原体和传染源的存在。养殖人员应做好个人卫生防护，包括洗手、更换衣物、消毒工具等，防止病原体通过人员传播到养殖动物。

四是及时接种疫苗。根据当地疫病防控计划和兽医建议，及时接种疫苗，确保畜禽接种必要的疫苗，提高免疫力，预防常见的疫病。

五是定期健康检查。定期请兽医对养殖动物开展健康检查，检测疫病和病原体，及时发现和处理疾病，采取必要的隔离、治疗和预防措施。

六是防病隔离。对新引进的动物或疑似患病的动物要进行隔离，避免疫病传播。监测新引进动物的健康状况，要经过一段时间的观察和检疫，确保其没有携带疾病或病毒病菌。

七是追踪和记录。建立健全的动物追踪和记录系统，记录养殖动物的来源、疫苗接种情况、健康检查结果等信息。

庭院养殖户应与当地兽医、农业农村部门或相关专家合作，获得专业指导和技术支持。

四 特色手工篇

(47) 如何利用乡村特色资源发展庭院经济？

乡村特色资源是我们宝贵的财富。特色资源不仅包括地理环境、种植品类、养殖品种等，也包括传统工艺、农耕文化、乡土气息等非物质文化遗产资源。这些特色资源为我国乡村特色产业发展、农特产品生产提供了坚实的物质基础和丰富的价值内涵。一般而言，乡村特色资源不是指独一无二的东西，只要是乡村具有优势的资源，都可以作为特色资源。因此，在发展庭院经济的过程中，应尽量掌握当地的资源类型和分布情况，筛选出能够被家庭开发利用的特色资源。如果自然资源和农业生产条件优势突出，就可按照当地村镇的规划，把生态资源优势变为经济优势，发展生态农业旅游，利用庭院建设生态农庄，也可做生态农业观光项目等。如果当地具有较好的特色产业基础，以优势产业为依托，可利用庭院做农产品加工、储藏保鲜、餐饮、休闲观光等一二三产融合项目。

(48) 如何利用庭院开发特色产品？

特色产品是指来源于特定区域、已有一定知名度的农特产品或加工品，主要包括特色种植、特色养殖、特色食品、特色手工等产品。具体来说，特色种植产品主要指特色粮薯豆、油料、蔬菜、果品、食用菌、道地中药材、茶、咖啡、棉麻、林特花木等。特色养殖产品主要包括特色畜禽产品和特色水产品。特色畜禽产品包括特色草食畜、猪、禽、蜂、蚕等，以及列入《国家畜禽遗传资源目录》的特种畜禽产品等。特色水产品包括青、草、鳙、鲢四大家鱼之外的特色水产生物，不包括《国家重点保护水生野生动物名录》所列物种。特色手工产品是采用传统特色手工技艺生产的，具有地域、民族、历史和文化特色的手工艺产品，包括手工编织、刺绣、剪纸、蜡染、陶艺、雕刻等产品。近年来，具有浓厚的乡土气息、鲜明的地域特色、优良的产品品质和较大开发潜力的乡村特色产品备受消费者青睐。发展庭院特色产品时应根据当地的地域优势、民族特色，从以上各类特色产品的种类中考虑要重点开发的产品。

㊾ 怎样保持乡村庭院特色食品的持久吸引力？

特色食品是指经过特殊工艺加工，具有地域特点、文化内涵、独特风味的食品，包括乡土卤制品、酱制品、豆制品、腊味、民族特色奶制品等。看似简单的乡村特色食品，对乡村产业兴旺有着重要的支撑作用。每个乡村的美食都有本地特色，是本地独有的食材和烹饪加工技艺相结合的美味食品，在别处就吃不到原汁土味。

乡村特色食品最突出的特点是在地性。原料必须是地方出产，采用的是地方的传统工艺，配料、调料甚至水通常都是当地的，还要使用地方特有的"土"器皿，才是地道的乡村特色食品。乡村特色食品除了独一无二的口味，乡村美景也是美食不可或缺的一部分，游客吃的不仅仅是食物，还有享受美食的环境。在农家庭院吃，坐在土炕上，也可以在户外吃，一边吃一边欣赏乡村景色，吃出不一样的体验。

保持特色食品的持续吸引力，需要在产品上不断创新，融入文化元素，增加体验环节，保持特色食品的新鲜感和趣味性。对游客来说，不仅仅是品尝美食，更是一种完整的生活体验和精神享受。这样的庭院特色食品才有经久不衰的魅力。

(50) 为什么要发展乡村传统特色产业？

乡村传统特色产业是指根植于农业农村特定资源环境，由当地农民主办，彰显地域特色、开发乡村价值、具有独特品质和小众类消费群体的产业，包括特色种养、特色加工、特色食品、特色制造和特色手工等产业。我国培育了许多具有地域特色的传统产业，比如传统的食品加工业、传统的手工业等。这些传统产业，地域特色浓厚，承载着历史的记忆，传承着民族文化，有独特的产业价值。传承保护和开发利用传统特色产业，要面向人们日益多样化、特色化的市场需求，提升"乡土制造"的魅力和效益，充分发挥品牌效应，将传统特色产品做成乡村土特产业。

(51) 如何传承创新各种乡村传统工艺？

乡村传统工艺是宝贵的文化遗产，是乡土文化的重要组成部分。乡村传统工艺是指围绕民间手工艺生产的习俗惯制，包括人工制作工艺品的传统方法、质料处理、行业信仰、手工艺人的师承关系、禁忌崇拜，以及工艺品本身的民俗功能和含义。乡村传统手工艺品从其功能和社会生活来看，可分为实用类、欣

赏类、节日喜庆类等。实用类是在生活中有使用价值的手工艺品，如陶罐、彩印花布、木雕糕点模子、竹编器皿等；欣赏类是供人们欣赏的民间手工艺品，如彩塑、绢花等；节日喜庆类如木板年画、剪纸、面塑、灯彩、刺绣服装和鞋帽等。按照行业分，乡村传统工艺可分为雕塑、印染、刺绣、编织、陶器、首饰、木板年画、风筝、皮影、面具等70多种传统民间工艺。乡村传统工艺不仅是人们寻求心灵栖居与审美体验的精神载体，更是带动乡村振兴、助力共同富裕的重要资源。在现实生活中，乡村传统工艺迫切需要从侧重产品市场的制造业态转变为重视美学内涵植入的创意业态，实现创意工艺品的有效供给和塑造自身文化品牌。

52 发展庭院特色手工艺品的前景如何？

手工艺品，俗称"民间手工艺品"，是指劳动人民为适应生活需要和审美要求，就地取材，以手工生产为主的一种工艺美术品。手工艺品的品种非常繁多，如皮具、宋锦、竹编、草编、手工刺绣、蓝印花布、蜡染、手工木雕、油纸伞、泥塑、剪纸、服饰、民间玩具等。各地的手工艺品具有不同的风格特色，充分展示了中国手工艺术的风采。民间手工艺品根植社会基层，在不同民族、不同地域生生不息，构筑了基础雄厚的大众文化底蕴。传统手工艺品具有一定艺术价值和实用价值，对发展庭院经济、增加广大农民的收入和传承乡村传统文化都有一定的推动作用。

几千年来，传统手工艺品始终是中华民族的一大特色产业。新时代乡村振兴中的手工艺品需要汲取中华传统文化精华，这样才能让新时代的乡村更加繁荣、更具生命活力。手工艺品的产业化是市场大规模的需求带动的，例如日常生活水平的提升和国际贸易中的出口规模扩大等。手工艺品所衍生出来的业态也较为丰富，特别是在和互联网相结合之后，其商业价值更加多元化。随着电商平台和销售渠道的发展，生产、流通和销售的连接日益畅顺，越来越多的乡村手艺人通过电商平台、直播平台等售卖手工艺品就可以获得可观的收入。我国乡村历史底蕴深厚坚实，孕育出的乡村手艺人数不胜数，其中所蕴含的商业潜力巨大，发展庭院特色手工艺品的前景将更为广阔。

(53) 农民如何获得乡村工匠职称？

乡村工匠是指农村社会中依靠手艺为农民生产、生活服务，并以此谋生的人。他们的手艺一般是祖传或者跟着师傅习得的，是一种经验的积累和传承。在中国传统农村中，乡村工匠包括木匠、铁匠、泥瓦匠、厨师等，其他如从事缝纫、刺绣、编织、织染布、修理、农具制造、酿造等的手工业者也属于乡村工匠之列。

乡村工匠职称的评定，既是对人才的尊重，也是大力培养人才的创新之举。有些地区，对取得职称的个人，将从资金、项目、政策等方面给予扶持，如优先安排为科技示范主体等，而更直接的是，有些地方给予一次性补助。此外，有些地方明确，通过职称评审的乡村工匠，在乡村振兴中还要承担"发挥骨干和示范引领作用"等任务。

乡村工匠职称评定一般由当地农业农村部门组织实施，各地政策及评定程序有所差别。比如长沙市乡村工匠的申请程序是：个人申报、乡镇初核、县级认定和推荐、市级审核、公示发证。总之，乡村工匠获得职称，是对农民职业尊严的认可，让农民成为既体面又有前途的职业，可为农村留下更多有用之才，也能吸引一批在外工作的人才返乡创业，带动家乡经济发展。

(54) 如何培育乡村工匠？

中共中央办公厅和国务院办公厅印发的《关于加快推进乡村人才振兴的意见》中明确了培育乡村工匠的具体措施。一是挖掘培养乡村手工业者、传统艺人。通过设立名师工作室、大师传习所等方式，传承发展传统技艺。二是开展传统技艺传承人教育。鼓励高等院校、职业院校设立传统技艺专业，开展传统技艺传承人教育。三是常态化开展品牌培育。在传统技艺人才聚集地设立工作站、开展研习培训、示范引导、品牌培育。四是支持鼓励传统技艺人才开办特色企业，带动发展乡村特色手工业。各地农村都有手艺人，都有传统工艺，有的村以传统工艺命名，比如：河北省安新县的四门寨村被称为"造船村"，赵北口村被称为"熏鱼村"，还有安新县的水区村村民都会编席、编篓子等。我国的乡村工匠很多，掌握的手工艺也很多，国家制定的支持政策也越来越多，要做好乡村工匠传承，鼓励他们依托庭院发展庭院经济参与乡村振兴。

(55) 怎样创响"土字号"乡村特色品牌？

特色品牌产品是指具有地方特色或采用传统独特工艺、配方生产，产品质量和管理达到一定水平，并对地方经济有突出贡献、市场前景好的产品。"土"是源于一方水土，独特的资源孕育出"独甲一方"的特色产品。"土字号"，特指乡村特色产品品牌，源于政府出台政策实施农业品牌提升行动，即建立农业品牌目录制度，加强农产品地理标志管理和农业品牌保护。鼓励地方培育品质优良、特色鲜明的区域公用品牌，引导企业与农户等共创企业品牌，培育一批"土字号""乡字号"产品品牌。

创响"土字号"乡村特色品牌的具体措施：一是开发产品类乡土品牌。精心挑选带有地域特色的传统产业，如卤制品、酱制品、豆制品等传统食品产业，以及竹编、木雕、银饰等传统手工业产品，经过改善加工工艺和生产条件，强化质量管理和认证等，深度挖掘文化传统、发掘价值内涵、培育口碑好、过得硬的乡土产品品牌。二是打造区域类乡土品牌。围绕特色农产品优势区，积极发展庭院多样化特色种养，更大范围传播产品信息，打造知名乡土区域品牌。三是创响庭院类乡土品牌。加快制定修订乡土品牌标准、特色农产品加工业标准和农村新业态标准，实现从田头到餐桌的全产业链监管，提升品牌知名度、美誉度和影响力。四是发掘工艺类乡土品牌。遴选推荐一批瓦匠、铜匠、铁匠、剪纸工、陶艺师、面点师等能工巧匠，加强乡村工匠、文化能人、手工艺人和经营管理人才培训。编印能工巧匠名录，精炼乡土品质、讲好乡土故事，多场合、多形式宣传推介区域特色、资源特色、功能特色、工艺特色和时代特色等，充分挖掘农村各类非物质文化遗产资源，保护传统工艺，传承乡村文化根脉，打造地域专属性强、稀缺程度高的乡土品牌。

56 乡村非物质文化遗产是什么？

非物质文化遗产是指各族人民世代相传，并视为其文化遗产组成部分的各种传统文化表现形式，以及与传统文化表现形式相关的实物和场所。非物质文化遗产是一个国家和民族历史文化成就的重要标志，是优秀传统文化的重要组成部分。"非物质文化遗产"与"物质文化遗产"相对，合称"文化遗产"。截至2023年12月，我国入选联合国教科文组织非物质文化遗产名录项目达43个。如山西十大非物质文化遗产：长治八义窑、忻州古琴、文水长拳、平遥推光漆器、平定刻花瓷、东湖老陈醋、晋南威风锣鼓、绛州澄泥砚、广灵剪纸、晋城潞绸。

乡村非物质文化遗产包括：乡村传统口头文学以及作为其载体的语言；乡村传统美术、书法、音乐、舞蹈、戏剧、曲艺和杂技；乡村传统技艺、医药和历法；传统礼仪、节庆等民俗；乡村传统体育和游艺；其他非物质文化遗产。

57 如何优化乡村休闲旅游业？

乡村休闲旅游业是农业功能拓展、乡村价值发掘、业态类型创新的新产业，横跨一二三产业，兼容生产生活生态，融通工农城乡，发展前景广阔。优化乡村休闲旅游业，重点要做到以下几点：

一要聚焦重点区域，依据自然风貌、人文环境、乡土文化等资源禀赋，建设特色鲜明、功能完备、内涵丰富的乡村休闲旅游重点区，建设城市周边乡村休闲旅游区、自然风景区周边乡村休闲旅游区、民俗民族风情乡村休闲旅游区、传统农区乡村休闲旅游景点等。

二要注重品质提升，开发形式多样、独具特色、个性突出的乡村休闲旅游业态和产品。发展具有历史特征、地域特点、民族特色的乡村休闲旅游项目。瞄准市场差异，依据各类消费群体的不同消费需求，细分目标市场，发展研学教育、田园养生、亲子体验、拓展训练等乡村休闲旅游项目。推进主体多样，引导农户、村集体经济组织、农业企业、文旅企业及社会资本等建设乡村休闲旅游项目。

三要打造精品工程，建设一批休闲旅游精品景点。例如建设休闲农业重点县、美丽休闲乡村、休闲农业园区。

四要提升服务水平，促进乡村休闲旅游高质量发展。要规范化管理、标准化服务，让消费者玩得开心、吃得放心、买得舒心。健全标准体系，完善公共卫生安全、食品安全、服务规范等标准，促进管理服务水平提升。完善配套设施，加强乡村休闲旅

游点的水、电、路、信、网等设施建设，完善餐饮、住宿、休闲、体验、购物、停车、厕所等设施条件，开展垃圾污水等废弃物综合治理，实现资源节约、环境友好。还要规范管理服务，引导和支持乡村休闲旅游经营主体加强从业人员培训，提高综合素质，规范服务流程，为消费者提供热情周到、贴心细致的服务。

(58) 如何发展非遗工坊？

非遗工坊是指依托非遗代表性项目或传统手工艺，开展非遗保护传承，带动当地劳动力就地就近就业的各类经营主体和生产加工点。非遗工坊的认定应符合《文化和旅游部办公厅 人力资源社会保障部办公厅 国家乡村振兴局综合司关于持续推动非遗工坊建设助力乡村振兴的通知》规定的条件。推进非遗工坊建设的具体做法有：

一是广泛吸纳就业，将脱贫人口、农村低收入人口等作为工作重点，优先吸纳到非遗工坊就业，按规定落实社会保险补贴以及地方支持就业帮扶车间的各项优惠政策。支持非遗工坊培育特色劳务品牌，提升非遗工坊人员就业质量。

二是依托非遗工坊开展传统手工类职业技能培训，符合条件的按规定落实相关补贴政策。在中国非遗传承人研修培训计划中面向非遗工坊带头人开设专门培训班，培养优秀带头人。

三是支持非遗工坊合理运用著作权、商标权、专利权、地理标志等多种手段，加强知识产权保护，培育具有当地特色的非遗工坊知名品牌。鼓励非遗工坊引入现代管理制度和方式，提高生产力和市场竞争力。建立非遗工坊产品目录，拓展销售渠道。充分发动各类媒体，做好宣传推广。

四是加强跟踪管理，协调解决非遗工坊建设运营中遇到的困难与问题，提供指导服务和政策支持。

⑤⑨ 怎样创办家庭工厂？

家庭工厂是一种以家庭为基础、利用家庭的资源，以较低的成本进行小规模生产加工的小型制造业主体。创办家庭工厂，首先要确定生产的产品类型。应根据家庭的资源和家庭成员的技能，以及市场需求，确定家庭工厂生产的产品类型。初办时可以从小做起，稳步发展。根据市场需求，先从生产一两个单品开始，如创办生活用纸作坊，不论是城市还是农村，家家户户都离不开生活用纸。再比如创办豆制品作坊，豆皮、豆腐、豆浆、豆腐脑之类的很多人都喜欢吃，这种小作坊的投资绞小。还有野菜加工作坊，这个小项目也适合在农村庭院作坊式生产。当前，很多人注重回归自然，所以从养生保健方面出发，创办绿色、生态产品的家庭工厂，生产出来的产品基本不愁销路。创办家庭工厂时，还要根据生产的产品类型，确定生产需要的设备和原料，在生产流程和质量标准上严格把关，努力提高产品质量和改进加工工艺。

⑥⓪ 如何办理家庭作坊营业执照？

家庭作坊是以家庭为单位组建的一家一户的从事简单加工的

小企业。经营者以住宅和庭院为生产场所，员工为家庭成员和少数雇佣人员，集业主家庭及雇工宿舍和车间、仓库为一体。根据相关法律法规，但凡涉及经营和商业活动的行为主体必须获得工商营业执照。家庭作坊也需要办理工商营业执照。

具体办理办法如下：一是准备好办理家庭作坊营业执照所需要的材料，包括经营者身份证件、场地租赁合同（如果是自己的房子则不用提交）、经营者证件照一张、场所产权证明（若没有房产证的，需村委会或者街道办出具证明）。二是熟悉营业执照申请流程，即携带以上材料到工商部门核准个体工商户名称，填写提交个体工商户设立申请与材料，最后等待领取营业执照。

(61) 怎样打造庭院手工作坊？

手工指非机器设备批量生产而是由人工制作生产。手工作坊是手工生产加工的主要场所。庭院手工作坊是指利用庭院开展手工业生产，是乡村手工业文化的物质载体，具有浓厚的乡土性与地域性。适合手工制作的产品种类众多，有制糖、制茶、造纸、串珠、折纸、拼布、陶艺等。打造乡村庭院手工作坊，是对当代乡村生产生活方式的重构与探索，有助于传统手工业文化的保护与传承，也为乡村全面振兴带来新的思路。

围绕具有文化传承属性的手工作坊可以进行多元化运作：

一是将庭院手工作坊作为乡土特色文化元素，融入乡村民宿开发中，通过深度的乡村旅游带动手工作坊的再生，展现其独特的文化价值。在乡村旅游中，游客既可以在民宿度假时体验到乡土饮食文化，又可以在民宿内购买重新包装后的特色美食。通过将传统手工作坊的元素融入民宿的主题设计中，将特色手工农产品投入运营，多方面提升乡村民宿的乡土与地域特色。

二是将庭院手工作坊融入村民公共活动场所的开发中。以传统手工艺为媒介的乡村公共活动场所，是乡村文化传播和传承的集散地。将庭院手工作坊作为多元化公共活动场所的组成部分，以乡村传统手工艺作为维系媒介，既传承了濒临消亡的手工艺文化，更增加了乡村社会的凝聚力和认同感。

三是加快乡村庭院手工业转型升级。艺术创意工作室的介入是当下乡村手工业转型的一种趋势。这种模式是通过艺术家、设计师对话乡村传统手工艺人，运用现代创意设计激活濒临消失的传统手工艺，以艺术工作室的形式重新定义传统手工业作坊。

62　如何开发乡村特色文创产品？

乡村特色文创产品是乡村产品与文化创意相结合的产物，近年来逐渐受到人们的喜爱与欢迎。开发乡村特色文创产品需要将文化创意融入乡村产品的生产中。

一是要深入挖掘乡土文化资源。从当地的乡土文化入手，将丰富的乡土文化资源作为文化创意的源泉，设计出具有强烈乡村特色与地域文化特征的乡土文化产品。

二是要全力打造标志性品牌。结合乡村整体特征以及产品特征进行创意性的设计，使文创产品成为具有地方标志性的品牌。例如河北省邯郸市邯山区有着"千年枣园"之称的小堤村，就是围绕"古枣"这一乡土文化特色，设计出了"古枣·小堤"的品牌名称，然后围绕这一品牌展开了村标、产品标识等设计，最终打造成当地知名度极高的小堤村。

三是重视乡土文化的传承发展。从传承、发展的角度对乡土文化元素进行创新，使其能够符合消费者尤其是年轻群体的需求。乡土文化产品要想在市场上受到欢迎，就离不开年轻群体的支持，要利用乡土文化自然、轻松、趣味性等特点，将文化中最具趣味性、最贴近自然的元素挖掘出来，并与时尚元素相结合，使乡土文化跟当代社会产生共鸣，从而获得年轻消费群体的认可。

(63) 设立居家式帮扶车间需要哪些条件？

居家式帮扶车间的突出作用是通过政府部门或企业、合作社等经营主体与低收入人口建立经济活动合作关系，让低收入人口在自家庭院从事简易加工劳作而获得相应收入。设立居家式帮扶车间，需要满足必要的认定条件：企业（个体工商户、内设有公司的专业合作社、家庭农场）在乡镇（村）与建档立卡贫困家庭劳动力建立合作关系，委托5名以上（含）贫困家庭劳动力居家从事生产加工活动。

走特色化、差异化发展路子，宜种则种、宜养则养、宜加则加、宜商则商。如发展特色种养产业，打造一批微茶园、微菜园、微果园、微菌园，就近满足城市消费。

二是农户在推进庭院经济发展中，要与休闲农业、民宿旅游等融合发展，充分挖掘生态资源，推出特色民宿、家庭旅馆、休闲农庄、农家乐、小型采摘园等，打造精品田园和美丽庭院。

三是发展特色手工，在庭院中建立小加工厂，发展非遗工坊、家庭工厂、手工作坊，开发乡村特色文创产品。

四是利用庭院发展生产生活服务业，创办电商销售店、直播带货店、快递代办点等，增加家庭经营收入。

(68) 休闲农业有哪些类型？

休闲农业是以农业生产、农村风貌、农家生活、乡村文化为基础，开发农业与农村多种功能，提供休闲观光、农事参与和农家体验等服务的新型农业产业形态。按照不同的分类标准，休闲农业可分为不同的模式和类型。从庭院经济的休闲项目类型看，主要有三种类型的休闲农业活动：

一是观赏型休闲农业，主要以观赏田园风光、传统民居和参加民俗节庆活动为主题，集观赏、体验、学习等为一体，有美丽庭院游、民俗节庆体验游等。

二是参与型休闲农业，主要是参与庭院采摘、购物和务农活动，以及科普教育旅游。如庭院农业科技游、务农体验游等。

三是度假型休闲农业，主要是到休闲农庄、乡村酒店、农园或农家享受"住农家屋、吃农家饭、干农家活、享农家乐"乐趣的休闲活动。

(69) 怎样推进庭院经济与休闲农业融合发展？

庭院经济与休闲农业交叉融合的方式多种多样，农民朋友们应在当地政府的引导下，从丰富产品业态、改善基础设施、推动产业发展、弘扬优秀农耕文化、保护传统村落民居、培育知名品牌等方面做出努力。

一是引导鼓励家庭妇女作为庭院经济的重要经营主体积极参与休闲农业发展。无论是庭院经济发展，还是传统民居保护，都与农村妇女的积极参与分不开。

二是庭院经营主体应依托农村绿水青山、田园风光、乡土文化等资源，有规划地开发休闲农庄、乡村酒店、特色民宿、自驾车房车营地、户外运动等乡村休闲度假产品。

三是发展农（林、牧、渔）家乐，积极创办和参加休闲农业合作社，融入到当地以休闲农业为核心的一二三产业融合发展中。

四是利用社会资本，探索采取多种合作方式开发吸引游客多、受益面广的庭院休闲旅游项目等。

(70) 如何推进庭院经济与民宿开发融合发展？

民宿是指利用自用住宅空闲房间，结合当地人文、自然景观、生态、环境资源及农林牧渔生产活动，为外出郊游或远行的旅客提供个性化服务的住宿场所。除了一般常见的饭店以及旅社之外，其他可以提供旅客住宿的地方，例如民宅、休闲中心、农庄、农舍、牧场等，都可以归为民宿类。推进庭院经济与民宿开发融合发展的措施主要有：

一是家庭成员愿意盘活利用闲置农房。农民把自家的闲置房屋、闲置宅基地利用起来，充分尊重家庭各个成员的意愿，以院落为单位发展乡村旅游，推动庭院经济与民宿开发融合发展。

二是探索盘活利用庭院资源的多种方式。以庭院资源租赁的方式，引导城市资本参与庭院建设。庭院经济客观上存在规模小、附加值低的现实问题，为做强做优庭院经济，有房屋或生产场所但无劳动力的农户，可以将其房屋出租给有技能的村民或城市里有资金的市民，或者把闲置庭院入股到村集体股份合作社或其他从事旅游产业的专业合作社。

三是了解并争取相关支持政策。接受各级社会组织帮扶及专家实地指导培训，了解并享受当地促进庭院经济与民宿开发融合发展的涉农惠农政策。

(71) 特色民宿有哪些类型？

因所处地理环境不同和各地特色差异，民宿种类也不同。特色民宿有农园民宿、体验民宿、海滨民宿、温泉民宿、传统建筑民宿、艺术文化民宿、景观民宿、原住民部落民宿等类型。每个类型又可细分为不同的种类，且不同种类各有特点。

  农园民宿可配有观光果园、观光菜园、观光茶园等，可以让游客享受漫食、漫游的生活，使游客身体舒畅、心情愉悦，既是田园之旅，又是心灵之旅，更是难忘的假期休闲。

  体验民宿可分为农业体验民宿、林业体验民宿（如菇菌采拾、烧炭等）、牧业体验民宿、渔业体验民宿、食品加工体验民宿（如做豆腐、捏寿司等）、工艺体验民宿（如押花、捏陶等）、自然体验民宿（如观星、野菜药草采集、昆虫采集、标本制作等）、民俗体验民宿（如地方祭典、民俗传说、风筝制作等）、运动体验民宿（如滑雪、登山等）。

（72）怎样利用自有庭院发展家庭旅馆？

家庭旅馆是一种传统的住宿服务产品，以食宿为主要产品，强调的是清洁、卫生、安全，一般规模都较小。利用自有庭院发展家庭旅馆：一是必须重视规范化建设，主要环节是卫生间达标；通水通电，完善基础设施；床铺要坚实、平整、卫生、舒适；有公共活动场所，这个场所一般与餐厅在一起。二是要服从政府管理，把自家庭院改造成家庭旅馆，应接受政府的指导，依照标志图则和审定标准建设。家庭旅馆的健康发展，要服从政府的统一管理，合法经营。三是农户应加入当地建立的家庭旅馆协会，统一家庭旅馆的徽标和形象，有序竞争并合作互惠，让旅客住得放心。

（73）如何发展休闲农庄？

休闲农庄是集科技示范、观光采摘、农事体验、休闲度假于一体的具有综合庄园或园区性质的休闲农业高级形态，能够促进农业向旅游业和服务业拓展。农户利用庭院发展休闲农庄应注意如下事项：

一是尽量保留自然特色。充分利用庭院资源和地形地貌，结合当地土特产品的开发，挖掘农业文化和民俗文化的内涵，提升农庄旅游产品的文化品位。

二是创造适宜、恬静、自然的农庄生产生活环境。改善农庄景观环境，保护生态环境和生物多样性，促进生态良性循环。

三是考虑人们的广泛参与性。规划开发出更多的休闲娱乐项目，吸引更多游客来体验乡间乐趣。

四是突出主题。如休闲农庄的设计以新、奇、特作物品种和农业技术为主题，可以兼顾牧业、水产、无公害高品质水果采摘以及科普教育、亲子活动等主题。

五是突出特色。休闲农庄的设计要根据各地的农业资源、气候条件、地理环境、农业生产条件和季节特点，充分考虑其区位特色和交通条件，推出特色主题旅游，避免旅游景点"一年四季一个样"。

六是坚持"农旅"结合理念。休闲农庄的规划设计一定要把农业元素巧妙地融入旅游景点中，开发出农业与旅游业相得益彰的休闲农业产品或服务。还要充分体现民俗味道，发掘当地传统的独具特色的民俗活动。

七是搞好农庄基础设施建设。应紧紧围绕旅游者的"食、住、行、游、购、娱"需求，规划建设好休闲农庄的基础设施，既保证游客的安全、舒适和便捷，又达到出其不意的效果。

（74）发展农家乐需要具备什么条件？

农家乐，又称休闲农家，是新兴的旅游休闲形式，是农民向城市居民提供的一种回归自然从而获得身心放松、愉悦精神的休闲旅游服务。较为常见的是住农家院、吃农家饭。

开办农家乐应具备的条件和要求主要包括：从业资格、经营服务场地、接待服务设施、经营管理人员等。从业资格要求农家乐应按规定办理相关证照，实行持证经营。经营服务场地要求生态环境良好、房屋结构坚固、环境整洁、垃圾处理及污水油烟排放符合相关规定。农家乐要有接待服务设施，厨房、就餐环境、厕所、通风等要求符合规定。管理体制要健全，运行要有效，原料、辅料、调料应符合国家有关规定及要求。从业人员要遵守职业道德，应经培训考核，达到岗位合格要求，并取得健康合格证才能上岗。

(75) 如何发展小型采摘园？

利用农家庭院，建成集"蔬菜栽培、果树种植、农耕研学、审美体验"于一体的小型采摘园，能够做出创意农业大文章。

一是充分开发利用庭院、露台、房前屋后空地资源，创新土地利用方式，提高空间利用效率，并按照"绿色环保的用材、良种良法的种植"标准建设园子，使小型采摘园逐步向标准化、绿色化、品质化发展，使其成为农村一道美丽的风景线。

二是对房前屋后空地进行美化绿化，突出乡韵气息，把小型采摘园打造成"特色园""创意园""艺术园"，把"菜园"变成"公园""花园"，宣传当地的民谣农谚、农民艺术、传统手工绝活、民俗活动等农耕文化的载体，让采摘园成为抒发情怀、愉悦身心的美丽平台。

三是建立公益性宣传推广平台。通过"抖音"、"快手"、电视等媒体主动向外界介绍有关种植技术，分享种菜心得、交流种菜经验，"晒晒"自己的产品，吸引更多的游客来采摘园体验耕耘和收获的喜悦。

四是开展庭院果蔬产品产地品牌营销，注重品牌建设，逐步形成区域公用品牌，让"土产"变成"特产"，让"产品"变成"礼品"。

76 怎样打造精品田园？

田园既指耕田和园地，又泛指风光自然的乡村和庭院。利用庭院打造精品田园应当注意：

一是遵从田园景观设计的原则，注重乡村原生态，保护自然生态环境的原真性和健康性。对当地独特资源进行开发与利用，建设田园特色景观风貌，打造观赏性农田、名优瓜果园、观赏苗木等自然景观。利用房前屋后的空地，种植经济林果和绿化苗木。对庭院周边的山体、森林、湿地、植被等自然资源进行生态修复和保育。

二是打造经济、实用、美观的乡土庭院建筑及景观，坚持可持续发展，优先考虑生态化、无污染、可循环的清洁能源和材料。构建精神家园，尊重地域特色文化与精神内涵，传承中华智慧与美德，让游客和当地老百姓的精神生活更加丰富而有意义。

三是立足当地历史文化资源，把建筑遗存、古树名木、文物古迹以及非物质文化遗产等作为保护对象，以本地事件传说、地名人物、传统民俗活动等人文元素，与田园建设营销相结合，打造特色人文景观，传承农耕文化。

(77) 如何设计美丽乡村庭院？

农户把庭院改造成美丽乡村庭院时，应科学布局院落空间，平衡产业发展，突出文化特色，建设相应景观。具体来说，就是要根据乡村院落现状，选择"种养结合型""服务型"和"体验型"庭院经济发展模式，以及"生活型""商贸型""休闲型"院落类型。通过对院落类型和庭院经济发展模式的重新整合来提升院落空间活力，营造具有特色的美丽庭院和乡村景观。例如，"休闲型"院落设计要提前考虑具体的功能分区，主要包括休闲区、娱乐区以及种植区。休闲区可以打造一个室外平台，放上小桌凳，坐在这里喝茶聊天。如果院子足够大，还可以放一座假山，修建一个小池塘，增强院子整体的灵动性。娱乐区可以安装摇椅或秋千，用于日常的娱乐和放松。种植区要统筹兼顾哪些植物适合种，哪些不适合种。在庭院围墙的材质选择上，有铁艺、砖材和木质围墙，应根据院落大小、材质成本和个人喜好进行选择。

(78) 怎样使农村庭院变成城市居民的后花园？

农户把自家庭院打造成城市居民的后花园，可以采取如下措施：

一是农户将庭院打造成休闲庭院、度假庭院和旅游庭院，让庭院成为美丽乡村风景的观光地，形成"一院一风景"，农民是主人，城市居民是客人。

二是采取多种方式吸引城里人来乡下租赁闲置房屋及庭院，由城里人根据个人喜好改造院落，绿化美化乡村环境，增加乡村的生机与活力。

三是引入社会资本流转农村闲置房屋等资源，打造具有农村乡土气息的农家小院，再出租给愿意到农村养老的城市退休老人，让他们拥有自己的小花园，避开城市喧闹和拥挤，体验回归自然的幸福。

(79) 如何引导城镇居民到乡村消费？

城镇居民下乡消费对促进农村消费发挥了非常重要的作用。引导城镇居民到农村消费的具体举措有：

一是发展乡村特色产业。农户可以利用庭院为城镇居民提供"吃、住、行、游、购、娱"等服务，加大对乡村特色产品和庭院经济的宣传，使城镇居民更加愿意到乡村消费。

二是为城镇居民下乡消费创造更好的条件。加快完善县乡村三级物流体系，提升农村寄递物流基础设施建设水平，深入推进电子商务进农村和农产品出村进城，推动城乡生产与消费有效对接。

三是延长农产品产业链条。加快实施农产品仓储保鲜冷链物流设施建设工程，推进田头小型仓储保鲜冷链设施、产地低温直销配送中心、国家骨干冷链物流基地建设。

四是完善农村生活性服务业支持政策，发展线上线下相结合的服务网点，推动便利化、精细化、品质化发展，推动乡村消费便捷化。

⑧⓪ 怎样使农村庭院变成城市居民的小菜园？

农户可以根据城市居民的需求，利用庭院和房前屋后空地发展绿色菜园、特色菜园，供城市居民采摘或给城市居民寄送绿色农产品。庭院种植的蔬菜除直接销往市场外，还可以直接销售给城市居民。

缺少种菜空间的城市居民通过在农村庭院里认领一块菜地，采取"科学种植"和"精细化管理"方式，种植绿色蔬菜。城市居民可以通过手机App随时关注蔬菜生长情况，还可以参与农耕过程，体验乡村生活，庭院经济经营户负责所栽种作物的日常管护。这样的运作方式促使传统种植模式向"订单农业"转型。

当前一些地方出现的认养农业就是这类探索。例如，山西长治市平顺县西青北村将村里7亩地科学规划成66块小菜地，连片打造绿色生态农业体验园，采取按块租赁、土地认养的方式将土地租出去，让“城里人”种地、“庄稼人”收租，使闲置土地变“废”为“宝”。

(81) 怎样使农村庭院变成城市居民的微农场？

微型农场是一种集“种植+养殖+休闲+娱乐”于一体的混合型场地。简单来说，利用农村庭院发展微型农场，就是以农作物种植或畜禽养殖为主，经营各种农产品和畜禽产品，集休闲娱乐于一体。

一是发挥庭院微型农场的"小而美"特点．使小小庭院承载农场几乎所有的功能，例如种植、养殖、观光、休闲度假、餐饮、农事体验、采摘等，可谓"麻雀虽小，五脏俱全"。

二是严格把控微农场的产品质量，确保庭院里所有产品都是绿色生产，尽可能满足城市居民对农产品安全的期待、对健康食品和互动与社交的需求。

三是探索创新经营方式，考虑采取新的经营思路，如庭院大门免票进、微农场里的活儿随意干、种的瓜果蔬菜随心摘、价钱公道给。

四是努力拓展庭院微农场的多种功能，如在微农场提供亲子科普教育、学生农事体验活动，在微农场过周六、探秘农场科学等。

(82) 农村庭院如何满足城市居民的定制化、个性化和差别化需求？

城市居民的定制化、个性化和差别化需求，不同于千篇一律的需求，是指符合其自身主观特性的需求。农村庭院要满足城市居民的定制化、个性化和差别化需求：

一是摸清城市居民的不同类型需求。主要是要详细记录到访农村庭院的城市居民的消费意愿、消费习惯、所担心的问题、兴趣爱好甚至收入等，从中识别出可定制化、个性化和差别化提供的需求。

二是面向不同需求开发相应的庭院产品或服务。在摸清需求的基础上，结合庭院资源和产业发展方向，细分城市居民客群，通过种植不同种类果蔬、养殖不同类型动物、提供多样化休闲服务，满足城市居民的多样化消费需求。

三是根据城市居民的不同消费需求合理定价。收费因庭院提供功能的不同而有差异，例如提供餐饮，有伙食标准人均50元、80元、100元甚至更高的档次，将选择权交给顾客，按需提供服务。

六　生产生活服务篇

(83) 如何理解利用庭院发展生产生活服务业？

农户利用庭院或房前屋后空地发展生产生活服务业，可以将庭院空间、家庭资源和从业技能充分利用起来，既可增加家庭收入又能满足周边农户、城市居民等的需求，创造多样化的经济和社会价值。

一是经营范围大、种类多。农户可以利用庭院围绕农业生产各个环节提供生产性服务，如农资供应、农机作业、农业技术指导、农产品储藏加工销售等，也可以提供各种生活服务，如餐饮、养老、维修等，减少人们前往城市或其他地方获取服务的不便。农户还可以通过提供特色民宿、传统文化体验等服务吸引城市居民来农村消费。

二是资源综合利用。发展生产生活服务业可以综合利用农田山林、农村旅游、生态环保等资源，实现资源共享和价值最大化。例如，农户可以利用自己的果园或农田开办采摘园，让游客亲身体验采摘乐趣，带动农产品销售，还可以将手工艺品制作与文化体验相结合，吸引更多消费者。

三是提供更多的增收机会。农村地区就业机会相对较少，农户生产生活服务业种类多样，可以为当地居民就近提供更多就业机会，减少劳动力外流，提高农村居民的就业率和收入水平。

四是有助于提升农村经济韧性。利用庭院发展生产生活服务业有助于农村经济多元化发展，降低对传统农业的依赖，提升农村经济的韧性和可持续性。

84 发展庭院生产生活服务能满足其他主体哪些需求？

发展庭院生产生活服务可以满足农村居民、城市消费者在生产、生活等多方面的需求。

对于农村居民来说，可以满足以下需求：一是围绕农业生产，提供产前、产中、产后各环节的生产性服务。包括农资供应，农机作业服务，农业技术指导，农产品收储、加工、销售等服务。二是为农村居民提供零售、餐饮、养老、修理等日常生活服务，提高农村社区生活便利程度。三是通过发展乡村旅游，可以保护传统民居，传承优秀文化，保持农民生产生活环境的独特性和魅力。

对于城市消费者来说，可以满足以下需求：一是通过发展农产品收储、加工、销售等庭院生产性服务，丰富农产品供应数量和种类，提高农产品销售和配送效率，使城市消费者可以更便捷地获得多种类、高品质的农产品，提高他们的食品安全和食物供给水平。二是通过发展乡村旅游、农家乐等庭院生活性服务，可以满足城市居民放松解压、休闲娱乐、亲子教育等需求。

85 怎样引导农户健康发展庭院生产生活服务？

引导农户健康发展庭院生产生活服务需要综合考虑农户的需求、资源、技能以及市场情况等因素。

一是教育和培训。提供农户相关的培训和教育，帮助他们掌握开展生产生活服务所需的技能，特别是了解市场和技术方面的知识。

二是市场对接。帮助农户了解市场需求，指导开展市场调研，提供市场信息、销售渠道等服务。

三是财务管理。提供农户财务管理的培训，帮助他们进行成本核算、收入估计和投资规划，增强经济可行性。

四是政策和法律指导。帮助农户了解相关扶持政策，提供法律宣传，确保农户经营活动合法合规。

五是示范带动。宣传推广成功的庭院生产生活服务案例，鼓励农户学习借鉴，提振发展信心。

六是定期跟踪服务。定期跟踪农户庭院生产生活服务的经营情况，及时提供针对性指导服务。

(86) 农业生产性服务可以聚焦哪些活动？

农业生产性服务应聚焦农民在农业生产的产前、产中、产后各个环节的服务需求：

一是农资供应和配送。将庭院作为农资供应和配送中心，向其他农户提供种子、肥料、农药等农业生产资料，也可延伸提供配送服务。

二是农机作业服务。向本村或周边农户提供耕作、播种、收割、灌溉、病虫害防治等农机作业服务。

三是农业技术支持。包括种植技术指导，如起垄、肥料施用、灌溉、病虫害防治等方面的技术和管理方法；养殖家禽、家畜等的技术指导，涵盖饲养、疫病防控、饲料管理等方面；指导农户保护土壤健康，如翻耕、覆盖植被等措施，减少土壤侵蚀和退化；引导农户发展可持续农业，如有机农业、精准农业等，减少化学农药和化肥使用；提供有关农产品质量和食品安全的培训和指导。

四是农产品加工、仓储、销售。利用庭院空间提供农产品加工、包装、仓储、销售等服务，延长产品的保鲜期，增加附加值。

87 怎样利用庭院开展代收代储和产品代销？

利用庭院开展代收代储活动，应当注意：

一是建立合作关系。与当地农产品供应商或生产者建立合作关系，了解他们的产品和供应情况。

二是规划空间和设施。在庭院内合理规划储存空间，确保产品储存安全。利用农村物流体系，确保代收的产品能够按时送达，保证产品的新鲜度。

三是签订合同。与供应商签订合同或协议，明确代收代储的责任和权益，包括产品质量标准、付款方式等。

四是库存管理。建立产品库存记录和管理系统，确保每批产品都能够追溯和管理。

利用庭院开展产品代销活动，应当注意：

一是产品选择。选择有市场需求的农产品提供代销服务。

二是市场调研。通过市场调研了解竞争情况和价格水平，为产品定价和销售策略做准备。

三是产品包装。设计吸引人的产品包装，增强产品的市场吸引力。

四是销售渠道。选择合适的销售渠道，可以是线上渠道（例如社交媒体、电子商务平台）或线下渠道（例如农贸市场、农场直销）。

五是合理定价。考虑成本、市场价格和消费者承受能力，制定合理的价格策略。

六是宣传和推广。利用营销手段进行宣传和推广，吸引消费者关注和购买。

七是客户服务。提供良好的客户服务，提升消费者满意度并塑造良好的口碑。收集消费者的反馈意见，了解产品的优缺点并改进。

(88) 利用庭院开展原料加工应注意什么？

利用庭院开展原料加工应注重产品质量、卫生安全和法律合规性。

一是合规性和许可证。原料加工活动要符合当地法律法规和相关许可证要求，可能需要申请食品加工许可证或其他必要的批准文件。

二是加工对象选择。综合市场前景、储存要求、交通条件、加工能力等因素选择适合的产品进行加工。

三是加工设备。购置必要的加工设备，加强设备管理，确保设备干净、卫生。

四是生产流程控制。选择新鲜、优质的食材作为原料，确保产品的品质和口感。遵循食品安全和卫生标准，定期进行清洁和消毒，保持良好的卫生条件。

五是品质控制。建立品质控制程序，标明产品的成分、生产日期、保质期等必要信息，方便消费者清楚了解产品。

六是销售和推广。设计合理的销售渠道，使产品能够顺利销售，满足市场需求。进行宣传和营销，推广加工产品，吸引消费者。

89 如何利用庭院进行农资经销和配送？

利用庭院进行农资经销和配送需要综合考虑供应链、客户需求、市场竞争等因素，为农户提供优质农资和服务，确保经营活动盈利可持续。

一是选择经营范围和供应商。选择有市场需求的农资，如肥料、种子、农药、农机具等。了解当地农户的需求，选择适合的产品。选择可靠的供应商，确保农资的质量和供应及时性。建立稳定的供应商关系，这样可以获得稳定的农资供应收入。

二是销售渠道。宣传农资经销业务，通过传单、广告、社交媒体等方式吸引客户。如果条件允许，可以考虑开展线上销售农资方式，扩大销售范围。

三是价格策略。制定合理的价格策略，考虑成本、市场价格和消费者承受能力。必要时可以采取一些优惠活动，吸引农户购买。

四是物流安排。用好农村物流体系，及时为农户或其他经营主体送达农资。

五是库存管理。合理规划库存，定期开展库存检查，避免库存过多或过少。

六是客户服务。回答客户的疑问，解决问题，建立良好的客户关系，提供良好的客户服务。

七是合法合规。遵守法律法规，确保农资经销活动受法律保护。

90 怎样应对农资赊销？

农资赊销是指农户在购买农资时选择先赊账，后期再付款。虽然这种方式在某些情况下可以帮助农户应对资金短缺，但也存在一定的风险和管理挑战。可采取必要举措应对农资赊销风险。

一是制定明确的赊销条件。设定农资赊销的门槛，明确赊销的条件、付款期限等。

二是做好风险评估和身份核实。在提供赊销服务之前，评估农户的信用状况和还款能力，降低赊销违约风险。确认农户的身份和联系方式，以便在需要时能够联系和追踪。

三是提供适当额度。设置合理的赊销限额，尽量让农资购买者的赊销金额在可控范围内。

四是签订合同。 与农户签订赊销合同，明确双方权利和义务，包括赊销金额、付款日期、违约处理方式等。

五是预设催款措施。 在付款期限前，提前提醒农户偿还农资赊销款，如通过短信、电话等方式提醒。评估农户的信用状况，及时调整赊销条件或采取措施。在逾期情况下，采取适当的催款措施，如电话催款、书面通知等。

六是利用法律武器。 如有需要，可以寻求法律帮助，维护农资经销方赊销服务的合理权益。

（91）利用庭院提供农机作业服务应当考虑哪些条件？

利用庭院提供农机作业服务需要具备一些内外部条件：

一是市场需求。 农户所在农村地区要有足够规模的农地和农作物种植面积，以支撑提供农机服务具有一定规模的市场需求。

二是农机设备购置、存放和维护。 农户需要一定的资金来购置农机设备，可以寻求政府补贴、银行贷款或其他金融支持。农户庭院需要有足够的空间来放置农机设备及必要的设施。

三是技术支持和培训。 农户家里有人会操作、维修农机，或有条件获得提供农机操作、维护和管理等方面的培训，确保能够正确、安全地使用农机设备。

四是服务模式。 农户需要建立健全的服务模式，明确服务质量标准和收费方式，能够利用农机服务信息平台跟农户互通信息，实现预约、管理等功能。

五是市场推广。 能够进行有效的市场推广和宣传，让周边农业经营主体了解并易于接受农机服务。

六是合法合规。农户需要了解和遵守相关的法律法规，确保庭院农机服务的合法合规运营。

92 利用庭院发展生产服务业有哪些模式？

利用庭院发展生产服务业有多种模式，可以根据市场需求、区域条件、资源禀赋等因素进行灵活选择和创新。

一是农资服务模式。将庭院作为农资供应和配送中心，向农户提供种子、肥料、农药等农资产品，或提供配送服务。

二是农机服务模式。购置农业机械，为周边农户提供耕作、播种、收割、灌溉、病虫害防治等农机作业服务。

三是农技支持模式。在庭院内开展农业技术培训，向农户传授种植、养殖、土壤保护、食品安全等方面技术或提供培训服务。

四是原料加工模式。将收购的农产品加工成各类食品，如果酱、果干、饮料等制成品，提供加工服务或销售加工后的产品，延长产业链，增加产品附加值。

五是仓储模式。利用庭院规划建设仓储设施，提供加工、包装、贮藏等服务，延长农产品的保鲜期和增加附加值。

六是代销模式。抓住市场机会对接销售渠道，利用庭院空间和网络平台，为村内外农户代销农产品赚取差价。

93 在自家庭院设立电商销售点应注意什么？

在自家庭院设立电商销售点是一种创新的经营方式，可以有效利用庭院空间服务周边居民，同时实现增收，但需要注意以下几点：

一是合法合规。了解电商相关法律，确保电商销售活动符合国家法律法规，包括商业注册、许可证等。遵循隐私保护规定，不能泄露客户的个人信息和支付信息。

二是产品选择。在设立电商销售点之前，建议进行充分的市场调研和准备工作，选择有市场需求、具有竞争力的产品。考虑产品的品质、消费对象和定价等。

三是网店建设。创建一个易于使用、用户友好的电商网店，包括产品展示、购物车、支付系统等功能。设计吸引人的网店界面。

四是供应链管理。与供应商建立合作关系，确保产品的质量和供应的可靠性。设计合理的物流方案，确保产品能够安全、及时地送达客户。提供多种配送方式，考虑物流合作。

五是展示与销售。提供清晰、准确的产品信息，包括产品描述、规格、价格等，帮助客户了解产品。使用高质量的图片展示产品，为每个产品提供多张图片，展示产品的不同角度和特点。在社交媒体、搜索引擎等平台进行宣传和营销，吸引潜在客户。可以考虑优惠促销等。

六是客户服务。提供良好的客户服务，回答客户的问题，处理退换货等事务。建立客户满意度反馈通道，鼓励客户留下评价和反馈，对客户的意见和建议进行积极回应。

（94）利用自有庭院直播带货的前景怎样？

利用自有庭院进行直播带货是一种有前景的创新经营方式，

尤其在当前互联网和移动通信技术的发展下，直播带货不仅可以扩大销售范围，还可以节约营销成本，已经成为一种流行的营销方式。对利用自有庭院直播带货的建议：

一是与特色农业相结合。直播带货要实现持续经营必须依托特色鲜明、品质高的产品，建议选择当地的特色优势农产品开展直播营销，既实现家庭增收又带动地方产业发展。

二是创造互动体验。直播可以让消费者更直接地了解产品，增加客户的信任感和亲近感。在直播中，可以分享产品故事、种植经验等，与观众建立情感连接；也可以与观众进行实时互动，回答问题、解答疑惑，提供专业的农业知识和建议；还可以在直播中分享烹饪方法、储藏方法等，为观众提供有价值的内容。这种互动可以增强客户的参与感和购买欲望。

三是提升品牌影响力。长期稳定地开展直播带货，可以逐渐建立起自己的品牌形象和影响力。

四是提升直播技能。直播带货也需要投入一定的时间和精

力，还要具备基本的直播技能和销售能力。建议进行充分的准备并注重学习和培训，不断提高直播带货能力。

95 在庭院创办快递代办点需要注意哪些问题？

在庭院创办快递代办点是一种有益的创业方式，可以为周围居民提供便捷的快递服务，但也需要考虑一些重要的问题。建议在创办快递代办点前进行充分的市场调研和准备工作，了解客户需求和竞争情况，制订详细的经营计划，并注意以下事项：

一是合法合规。了解快递代办相关的法律法规，合法合规经营，包括商业注册、获取经营许可证等。

二是确定服务范围。明确提供的快递代办服务范围，是仅限于本小区或周边，还是辐射更广的范围。

三是确定合作关系。与主要的快递公司建立合作伙伴关系，以便获取稳定的快递服务支持。了解各家快递公司的服务质量、价格等情况，做出明智的选择。

四是确定收费标准。考虑到运营成本和市场竞争情况，设定合理的快递代办费用。

五是规划空间和设施。在庭院内规划合适的空间，包括快递货架、计算机设备、包装材料等。定期检查和维护设备，确保计算机、打印机、包装材料等设备正常运作。

六是人员招募和培训。考虑是否需要雇佣员工来管理快递代办点，参与或提供必要的培训，了解快递服务流程。

七是物流和存储。确保快递包裹能够安全存储，并建立良好的物流管理流程，使包裹准确送达。

八是客户服务。提供良好的客户服务，为客户提供包裹查询、咨询等服务。解决客户问题和投诉。保护客户个人信息，遵循隐私保护规定。

九是数据管理。建立订单和客户管理系统，跟踪快递代办情况，记录订单信息。

十是推广和宣传。在社区内进行宣传，让居民了解快递代办点，吸引客户使用快递代办服务。

（96）如何在自家庭院开办小超市和餐饮店？

在自家庭院开办小超市和餐饮店是一项有挑战性但有潜力的创业方式。在开办小超市和餐饮店之前，一定要充分考虑市场需求、竞争情况和经营风险。制订详细的商业计划，确保有充足的资金和资源支持，同时注重产品质量、客户体验和合规经营。

开办小超市的注意事项：

一是规划和准备。了解目标客户需求、竞争情况和潜在机会。规划小超市的布局、货架摆放、货物种类等。确保庭院有足够的空间用于安置相关设施。

二是供应链管理。采购各类商品，包括食品、日用品、生活用品等。注意商品的品质和种类。建立与供应商的合作关系，确保货物供应充足、质量可靠。

三是价格策略。制定合理的价格策略，考虑成本、市场价格和客户承受能力。

四是装修和设备购置。对庭院进行必要的装修和设备购置，确保超市设施能够正常使用。

五是客户服务。提供优质的客户服务，提升客户满意度，建立良好的口碑。

六是推广和宣传。在周边宣传小超市，吸引顾客，可以考虑促销活动等。

七是合法合规。获取营业执照、食品卫生许可等必要的法律许可和证件。

开办餐饮店的注意事项：

一是设计餐饮店类型和菜单。明确要开设的餐饮店类型，如快餐、小吃、咖啡厅等。设计多样化的菜单，包括主食、小吃、饮品等。考虑当地客户的口味和需求。

二是厨房和设备。对庭院进行厨房设施的规划和布置，确保食品安全和卫生。装修和布置餐厅，营造舒适的就餐环境。

三是食材供应和食物安全。与供应商建立稳定的合作关系，确保食材供应充足、新鲜。严格遵循食品安全规范，确保食品安

全卫生。

四是人员招聘和培训。如有需要，招聘合适的厨师、服务员等并提供必要的岗前培训。

五是客户服务。提供优质的就餐体验，注重服务质量和食品品质。

六是推广和宣传。在周边宣传餐饮店，吸引食客。可以考虑推出特色菜品、举办试吃活动等。

七是合法合规。获取餐饮经营许可、食品卫生许可等必要的法律许可和证件。

97 哪些人把庭院办成修理店更有优势？

对于具备相关技能和资源的人来说，将庭院办成修理店可能更有优势，也更容易成功创业。

一是房屋装修装饰技能工匠。如木工、电工、瓦工、管道工等，将庭院办成修理店可以充分发挥专业技能，为客户提供家庭装修维修服务。

二是家具维修师。有家具修理和翻新技能的劳动力，开办庭院修理店可以提供修复和翻新家具服务。

三是家用电器维修师。精通家电维修的人，庭院修理店可以用于修理家电。

四是汽车、自行车维修师。有汽车维修技能的人，将庭院改建成小型汽车修理店，为周围居民提供汽车维修和养护服务。擅长修理自行车或摩托车的人，可以将庭院改建成自行车、摩托车维修点。

五是手艺工匠。擅长手工维修的人，可以在庭院开展小物件或缝纫、织补、改衣等手工维修。

上述具备一定技能的群体，在开办修理店前都应先了解市场需求和竞争情况，制订详细的经营计划，开办修理店后还要注意提供优质的服务、合理收取服务费、培养良好的客户关系。

98　怎样破解发展庭院生产生活服务的资金短缺问题？

发展庭院生产生活服务可能会面临资金短缺问题，可以采取一些策略来破解这个问题，确保项目能够顺利进行。

一是制订详细的经营计划。包括项目的预期收入、成本、利润等，用以吸引潜在投资者或贷款机构。一个清晰的经营计划可以展示项目价值和可行性。

二是寻找投资者或合作伙伴。投资者可以是个人、风险投资基金、农业合作社等。协商股权比例，按股投入资金，分担风险和共享收益。

三是申请贷款。如果农户有信心能够获得稳定的收入，可以考虑向金融机构申请贷款去启动实施项目。但要清楚了解贷款利率、还款期限等细节内容。

四是寻求政府或非营利组织支持。有些地区可能有政府补贴、奖励计划或非营利组织提供的资金支持，特别是与农业、环保、社区发展等相关的项目，可对照条件积极申请。

五是降低经营成本。在项目初始阶段，尽量降低运营成本，寻找更具成本效益的方式来实现目标。项目启动前，可以开展预售活动，吸引客户提前购买产品或服务，从而获得一部分预付款。

六是分阶段发展。如果资金短缺，考虑将项目分阶段发展，逐步投入资金和资源。可以首先选择最关键的部分来启动，然后逐步扩展。

在解决资金短缺问题时，重要的是要认真考虑每种策略的风险和回报，选择适合项目特点和风险承受能力的经营方式。建议咨询专业人士，如财务顾问或律师，以获取更详细的建议。

（99）利用庭院发展生活服务业有哪些策略？

利用庭院发展生活服务业时，务必要考虑市场需求、竞争情况、资源投入和可持续性。要有充分的市场调研，了解目标客户的需求，制定灵活的发展策略。

一是定制化服务策略。根据客户需求，提供定制化的产品和服务，如特色农产品销售、定制手工艺品、康养服务、教育培训等。

二是多元化策略。在庭院内提供多种不同的产品和服务，如农产品销售、手工艺品制作、修理服务、养老服务等，满足不同客户的需求。

三是休闲农业和体验式服务策略。将庭院打造成休闲农业场所，提供农产品品尝、农事活动、农家乐等服务，吸引游客和消费者。

四是科技创新策略。利用科技手段，开展在线销售、预约服务、虚拟体验等，拓展客户群体和提升服务体验。

五是绿色环保策略。强调庭院生活服务的绿色环保特点，吸引关注环保和可持续发展的消费者。

六是合作与联盟策略。与其他农户、企业或机构合作，共同开展项目，整合资源，提供更加多元化的服务。将庭院开放给社区居民共享，开展集体种植、休闲活动、农产品采摘等活动，增强社区凝聚力。

七是市场推广策略。制定有效的市场推广策略，包括线上宣传、社交媒体推广、参加农产品展销会等。

八是客户关系策略。建立良好的客户关系，与客户保持沟通，了解他们的需求和反馈，不断改进服务。

100 怎样完善新型经营主体带动农户利用庭院的利益联结机制？

完善新型经营主体带动农户利用庭院的利益联结机制需要建

立一套有效的合作模式，确保各方的利益得到平衡和保障。在完善利益联结机制时，关键是要建立一个互惠互利、长期稳定的合作关系。

一是政府提供支持和引导。政府可以出台有针对性的政策，鼓励和引导新型经营主体带动农户发展庭院经济，例如给予税收优惠、贷款支持、补贴等激励措施。

二是签订合作协议。新型经营主体和农户之间可以签订合作协议，明确双方的权利、义务和利益分配方式。协议应涵盖资源投入、收益分配、合作期限等内容。在合作模式选择上，新型经营主体和农户应共享合作收益，共同分担风险，建立双方在面对不可控因素时能够公平承担损失的机制。

三是帮助农户整合资源。新型经营主体可以为农户提供技术、资金、市场等方面的支持，帮助农户提高庭院的经营效益。

四是协助农户对接市场。新型经营主体可以协助农户将产品引入市场，帮助他们建立销售渠道，扩大销售范围。设立合理的产品定价机制，确保农户获得合理的收益，同时也保证新型经营主体能够获得合理的回报。

五是向农户提供培训和指导。新型经营主体可以向农户提供种植、养殖、经营等方面的培训和指导，提升农户的庭院经营能力。

六是与农户共享信息。建立信息共享机制，让新型经营主体和农户能够及时了解市场动态、行业趋势等信息，做出更明智的决策。

七 案例篇

案例 ① 黑龙江杏树村：庭院种毛葱，增收有盼头

一 案例背景

黑龙江省饶河县小佳河乡杏树村"两委"干部积极推动本村庭院经济发展，2022年经过考察，选择了市场需求大、单产高，适合当地庭院种植的品种——毛葱，采取"典型带动，逐步发展"的方式在村内推广。截至2023年7月，已有5户农户共计种植4亩毛葱，取得了良好的经济效益。

二 主要做法

（一）出台支持政策，发展庭院经济

2021年7月，饶河县委农村工作领导小组印发《饶河县庭院经济增收实施方案》，鼓励各村挖掘乡村闲置资源发展庭院经济，促进脱贫户、边缘户增收。从县产业扶贫收益资金专户中安排资金用于奖补发展庭院经济。对脱贫户和边缘户购买生产资料的支出补贴60%，每户最高补贴1 000元；对脱贫户和边缘户自主销售庭院产品1 000元以上的补贴200元交通物流费。在政策引导下，全县各村积极探索庭院经济发展模式。

（二）村"两委"干部牵头，发掘好的项目

毛葱是杏树村党支部书记外出调研时发现的潜力项目，具有市场需求大、单产高、适合当地庭院种植的特点。毛葱可用于泡面调料和烧烤辅料，已被专家们发现具有抗癌、防衰老、降脂等作用，市场前景广阔，目前市场价格为每斤①5元左右。毛葱亩产

---

① 1斤=0.5千克。

约1 000斤，每亩产值约5 000元。毛葱适宜黑土地生长，在黑龙江省中北部广大农户家庭的院里都能种植，生长期为60天左右，还不怕冻，每年4月份种，出叶后根部呈6～14个葱头，属于高产作物。

（三）试点示范先行，村民自发跟进

孙某家是杏树村第一家种植毛葱的农户，2022年利用其庭院试种植毛葱。为了帮助其成功种植，村干部协调县农技部门的技术人员为孙某提供全面的技术指导，免费提供种子、肥料等生产资料。2022年，孙某在庭院种植约1亩毛葱，产量1 200多斤，产值约5 800元。在孙某的成功示范下，2023年杏树村又有4户农户开始种植毛葱，全村庭院种植毛葱面积达到4亩，预计2024年扩大到20亩。

（四）根据家庭资源禀赋选择适度种植规模

在庭院种植毛葱的投入较低，而单位面积产值较高，但属于劳动力密集型产业，在整地、栽种、田间管理、收获等环节需要较多的劳动力投入。对此，农户选择毛葱种植规模时应充分考虑家庭劳动力状况。例如孙某家有两口人，其中孙某57岁，老伴55岁，两个劳动力已经能够满足庭院种植毛葱的需要，因而利用整个庭院种植毛葱，取得了较好的经济效益。

（五）充分利用电商服务体系促进产品销售

近年来，饶河县大力发展乡村物流体系，解决农产品、山产品卖难问题。由邮政公司联合8家快递公司在县级建立电子商务发展中心，在乡镇和村建立电商服务站，不仅开展传统的快递收发业务，还为农民提供代买产品、代缴费用、收购产品等服务。截至2022年底，全县乡镇、村级电商服务站点达到69个，实现全县31个脱贫村电商服务站全覆盖。为了促进庭院经济发展，电子商务发展中心通过"一店带多户""一店带一村"模式，与县

内超市对接形成稳定的供货关系，由村级电商服务站定期收集村民种植养殖信息，方便庭院经济产品大规模收购，实现了农超对接。杏树村毛葱种植主要通过电商服务体系直接销往县内超市，减少了流通环节，提高了农户种植收入。

三 案例点评

杏树村农户在庭院种植毛葱，从1户增加至5户，规模从1亩扩大到4亩，既充分利用了家庭闲置劳动力，又助力农户家庭增收。杏树村发展庭院经济的实践告诉我们：

一是发展庭院特色种植需要政府提供必要的支持环境。例如通过补贴等支持政策激励农户开展庭院特色种植，提高农户发展庭院经济的意识，使其形成规模。特色作物种出来之后，还应借助电商服务、物流体系等帮助农户解决"卖难"问题，让农户在庭院中既能种出好产品又能卖上好价钱。

二是村集体对农户利用庭院搞特色种植能起到重要的引导作用。农户由于认知局限、协调困难等原因，通常不会自己去考察合适的特色种植项目，因而需要村干部牵头考察、发现适应市场需求、适合本地庭院的种植项目。在农户搞庭院种植的过程中，村集体可以从培育示范开始，帮助示范户解决发展中的农资、技术等问题，再用示范户的成功经验带动其他农户加入庭院经济发展。

三是农户发展庭院特色种植应根据资源禀赋循序渐进。庭院特色种植需要一定的资金投入、技术要求和劳动投入，且面临一定的市场不确定性，农户应根据自身条件决定初始规模，等到积累一定经验后再适度调整规模，控制好经营风险，避免"步子迈太大"引发返贫。

（案例来源：编写组实地调研整理，2023年7月）

案例 ② 吉林日新村：村企合作，庭院里的鲜食玉米不愁卖

一　案例背景

　　吉林省玉谷食品有限公司创始人孙萌决定回到老家大安市创业，种植符合中高端市场口味的鲜食玉米。经过详细调研，孙萌将目光锁定在了大安市乐胜乡的农村小院，并说服了当地农业农村部门，推荐了7个村子作为鲜食玉米的种植试点。在引入鲜食玉米品种之前，日新村党支部书记吴忠通过分析庭院鲜食玉米的成功案例，认为日新村的资源条件都符合要求，可以效仿种植鲜食玉米，但苦于当时周围并没有鲜食玉米加工厂，回收、加工、销售都是大难题，引导村民在庭院种植鲜食玉米的想法只能暂时搁浅。后来，孙萌带着建厂的想法找上门来，吴忠看到了稳定的市场，也更有信心动员农户种植。就这样，"粒粒生金"的鲜食玉米种满了农户房前屋后的小院，日新村成为方圆百里首批种植鲜食玉米的庭院示范村。

二　主要做法

（一）通过补贴调动农户在庭院发展特色种植的积极性

　　吉林省根据种植品种，对参与庭院经济建设的农户每平方米补贴1～3元，实现了行政村补贴全覆盖，越来越多的农户愿意尝试庭院经济这条新路子。自日新村村民吴德有记忆起，家里的小院就常种些土豆、玉米，养些鸡、鸭、鹅供自家食用，这在农村十分常见，不会有人觉得稀奇。前年，正忙于劳作的吴德被村里微信群的一条"发展庭院经济"的消息吸引了目光。村党支部书记号召大家把自家小院利用起来，统一种上鲜食玉米，等待收

获后统一卖给黏玉米加工厂。

"补贴"两字成为吴德对庭院经济的初印象。"虽然鲜食玉米种子价格要贵些，但政府给补贴，就算不能赚钱也亏不了，不妨一试。"抱着这样的想法，吴德成为村里第一批参与庭院经济建设的农户。有着丰富的玉米种植经验，400多平方米的庭院种起玉米来也算得心应手。今年收获季，吴德拉着1 500多穗鲜食玉米送去加工厂，卖了1 200多元，再加上政府补贴的1 000多元，是去年总收入的三四成了。"以前手里的钱只够应付吃喝，现在也算有'余粮'了。多了一笔收入，家里有什么急事用钱不犯难。"吴德说。

（二）通过村企合作帮农户找到庭院产品的稳定销售渠道

农户庭院种植有"两怕"，一怕选错品种卖不出去，二怕好产品卖不上价。归根结底，怕的是自家农货没销路、没市场。"持续发展庭院经济，关键要帮农民找到稳定的销售渠道，用经济效益稳住农民的信心。"白城市洮北区农民科技教育中心副主任赵玉敏说。

鲜食玉米在乐胜乡7个村实现规模种植，实现精细化管理的背后，孙萌与农户也在不断磨合。"现在签约了3 000多户农户，无论是玉米排期种植、精细管理还是分期采摘，实现统一是很困难的。"孙萌曾经也很苦恼，"开始总有农民不按照计划实施。种植期'撞车'了，收获期玉米'老了'，不符合收购标准。"后来，孙萌想了新办法，不再将玉米种子大批量分发，而是对农户按排期、分批进行管理，并安排专职人员上门查看同一排期的玉米长势，指导农户将成熟度过关的玉米掰下来送至加工厂。

由于种植户较多，公司采取分批次种植的方式，减少黏玉米收获加工压力。规定回收鲜食玉米分为一等、二等两个级别，要符合鲜嫩程度才能被收购，老了就只能拿去卖玉米粒。

三 案例点评

过去5年，吉林省将发展庭院经济作为农民增收、产业振兴的重要举措。在吉林省，发展庭院经济的农民达338.82万人，累计种植面积29.56万亩、畜禽养殖规模880万头，户均增收1 000元以上。农户在庭院种植鲜食玉米只是其中之一，还有不少农户在庭院种植土豆、红线辣椒、豆角、万寿菊等，虽然作物种类不同，但利用庭院增收的目标却是相同的。

农户作为发展庭院经济的主体，调动其参与积极性十分重要。目前，个别农户认为庭院规模太小，难以为其带来可观的收益。对于此问题，不仅要为已经走上庭院种植的农户提供技术、销售支持和相应补贴，还应加大宣传力度，将已经在庭院种植上取得较好成效的农户树立成典型，鼓励这类农户现身说法，传授经验，发挥示范引领作用。只有当农户切身地体会到发展庭院经济的优点之后，才会更加愿意在庭院经济上投入更多的时间和精力。

（案例来源：摘录自王圣婴、毛晓雅：《庭院经济"入市"之路有多远》，《农民日报》，2023年1月6日）

案例 ③ 黑龙江关门村：小黑蜂成为农户增收大帮手

一 案例背景

黑龙江省饶河县1997年12月被批准为东北黑蜂国家级自然

保护区，是中国乃至亚洲唯一的为保护蜂种而设立的自然保护区。2022年，饶河东北黑蜂国家地理标志产品保护示范区获批。截至2022年底，全县有蜂场423个，蜂产品加工企业13家，开发出蜜、粉、胶、浆四大系列120余个品种，形成"饶蜂""寒地黑土"等知名品牌，蜂产品年产值8 500万元。饶河县五林洞镇关门村被誉为"东北黑蜂第一村"，黑蜂保护区面积400余亩，约占整个黑蜂保护区面积的1/10，养殖主体主要是30多家规模化蜂场。2022年以来，在政府引导下，该村陆续有17户农户开展庭院黑蜂养殖，取得了良好的增收效果。

二 主要做法

（一）依托保护区优势，引导农户开展庭院黑蜂养殖

2021年7月，饶河县委农村工作领导小组印发《饶河县庭院经济增收实施方案》，通过生产资料补贴、物流费用补贴等方式引导各村探索发展庭院经济。关门村依托丰富的蜜源植物和长期的养蜂传统，把黑蜂养殖作为庭院经济的发展重点，引导农户发展庭院黑蜂养殖。

黑蜂养殖在蜂箱搭建、蜂箱管理、蜂蜜提取、防护措施等方面有较高的技术要求。在农户准备养殖阶段，该村"两委"干部帮助对接当地蜂场，对意愿养殖户开展技术指导。在后期养殖过程中，养殖户遇到问题也可以及时向村"两委"干部反映，或直接向蜂场养殖人员咨询，从而解决了黑蜂养殖中的技术问题。目前该村已发展庭院养殖户17户，其中2户为脱贫户。

（二）充分利用家庭资源，实现了良好经济效益

脱贫户杨某家只有1口人，73岁，过去收入主要靠养老金和子女赡养。2022年5月，在当地政府引导下，杨某开始在庭院

养殖黑蜂，养殖规模为10箱，年产蜂蜜1 000斤左右，每斤蜂蜜12元，当年收入12 000元，扣除8 000元成本（购买蜂箱1 000元，购买蜂种8 000元，扣除政府补贴的生产资料费用1 000元），第一年就收回投资并净赚4 000元。

通过发展黑蜂养殖，杨某充分利用了农户的庭院土地、劳动力和资金，盘活了家庭资源。场地方面，黑蜂养殖占地较小，适合杨某家庭院面积较小的特点。劳动力方面，当地蜜源植物丰富，几乎不需要人工补充饲料，因而对劳动力要求较低，杨某本人加上其女儿偶尔来帮忙即可满足劳动力需要。资金方面，黑蜂养殖需要较大的初始投资，用来购买蜂箱和蜂种，但后续几乎不需要追加投资。杨某根据自己的资金条件选择了10箱的养殖规模，有收益后可以逐步扩大规模。

三　困难与谋划

杨某在黑蜂养殖中的主要瓶颈是缺少稳定的销售渠道。目前，杨某和其他养蜂户的销售都主要靠微信朋友圈销售原蜜，销售对象局限在少量熟客，销售价格较低。

2022年，饶河县打造了集直播、选品、孵化、仓储物流等服务于一体的综合性电商直播基地，涵盖7大品类500余种县内优质农林产品。物流包裹寄递费控制在5千克以下4.5元/件、1千克以下3.5元/件，大幅降低单位运费。2022年，全县互联网商业企业数量（含个人）1 373家，同比增长15.1%；电子商务交易额达到2.6亿元，同比增长107%，饶河县被确定为国家级电子商务进农村综合示范县，电商直播基地被评为电子商务进农村综合示范项目，主播卢小开被评为全国农业农村劳动模范。

下一步，村"两委"打算与县电商直播基地对接，利用电商直播基地的销售、品牌、物流等方面的综合优势稳定产品销量，提升产品价格。如果对接成功，蜂蜜售价预计可达到每斤 15 ～ 20 元，庭院养蜂效益将得到较大提升。

四 案例点评

选择合适的项目是庭院养殖良性发展的前提。发展庭院养殖必须立足当地发展条件和农户资源禀赋。**一是立足村产业基础**。关门村作为"东北黑蜂第一村"，拥有优良的黑蜂养殖环境，发展黑蜂有多年的产业基础，在经营主体、生产技术、产业规模上已经形成优势。在此基础上可以为农户庭院养蜂提供原料、技术、市场等全面的支持，降低了农户在生产经营各环节的风险。**二是立足农户资源禀赋**。农户选择庭院养殖项目要考虑家庭资源禀赋，如庭院面积、庭院环境、劳动力、资金等要素。杨某根据其庭院面积、劳动力情况和资金情况选择黑蜂养殖规模。随着养殖收益的积累，再灵活调整规模。这样做既能有效盘活当前的家庭资源，又能把经营风险保持在可控范围内。

发展庭院养殖必须克服单家独户规模小的劣势。庭院养殖通常规模较小，在生产环节能够适应家庭资源数量较小的特点，但在农资购买、技术获取、产品销售环节却往往因为规模较小而导致议价能力较低，面临农资成本高、技术获取难、产品价格低等问题。为了提升庭院养殖效益，村"两委"在解决技术、销售等问题方面已经发挥了重要的组织协调作用。也可以考虑以农民合作组织等形式将庭院养殖户组织起来，形成规模效应，提高议价能力，降低交易成本。

（案例来源：编写组实地调研整理，2023 年 7 月）

案例 ④ 黑龙江河南村：庭院养鸵鸟，增收有希望

一 案例背景

在庭院养殖鸵鸟、孔雀、火鸡等，不仅能够获取肉、蛋等产品，而且这些动物以其美丽的羽毛和独特的外观成为庭院中亮丽的景观和观赏的焦点，能够达到吸引游客的目的，为发展餐饮、民宿等庭院产业创造了条件。特别是在消费结构升级的趋势下，居民对鸡、鸭、鹅等传统禽类产品的需求逐渐饱和，转而追求一些平常少见的禽类产品，使鸵鸟等珍禽有着广阔的市场空间。

二 主要做法

（一）能人带头，选择鸵鸟养殖项目

黑龙江省饶河县河南村鸵鸟养殖带头人为村民钟某，他经历过多次创业，有丰富的经营经验。2022年，钟某在黑龙江省虎林市考察后选择了鸵鸟养殖项目。选择该项目主要有三个原因：一是鸵鸟养殖产出大。鸵鸟的产品主要有肉、蛋、皮。鸵鸟孵化后雌鸟两年、雄鸟三年即到成年，一只成年鸵鸟约260斤，出肉率为60%，鸵鸟肉市场价为40～50元/斤，只卖肉每只鸵鸟可实现收入七八千元。鸵鸟寿命可达50～70年，18个月即可产蛋，3～25年为产蛋高峰期，每年可产蛋七八十枚，每枚鸵鸟蛋市场价格150元，产蛋高峰期的鸵鸟一年产蛋可实现收入11 000元左右。鸵鸟皮是世界三大名贵皮革之一，具有良好的柔韧性和透气性，被用来制作高档皮包、皮鞋、皮带。鸵鸟皮必须选用14个月的鸵鸟才能达到皮质要求，1只14个月的鸵鸟能留下1～1.4平方

米的皮，售价1 000多元。二是养殖成本低。养殖鸵鸟只需初期购置鸵鸟苗，每只700～900元，后期鸵鸟可以自行孵化，不需要买苗费用。鸵鸟饲料要求低，一天仅需要2斤玉米和8斤玉米秆。鸵鸟不易生病，防疫费用低。三是适宜本地庭院养殖。河南村户均庭院面积达2亩，用一半的面积养殖鸵鸟也可以养殖10余只。该村耕地面积14 900亩，人均耕地21亩，以种植玉米为主。玉米和秸秆可以为鸵鸟养殖提供丰富的饲料。饶河县与虎林市相邻，气候条件接近，虎林市已经有较为完整的鸵鸟产业链，因而河南村可以借助虎林市的产业优势解决本村鸵鸟养殖的技术、销售等问题，降低养殖风险。

（二）村"两委"积极引导，促进庭院鸵鸟养殖在全村推开

村"两委"经过开会讨论，决定将鸵鸟养殖作为该村庭院经济的发展重点，并由村党支部组织委员李某带头养殖。2022年，李某和钟某各投资2万多元在自家庭院养殖鸵鸟16只。2024年进入产蛋高峰期，每户仅卖蛋收入就可达10多万元。目前由于养殖鸵鸟还未见效益，农户参与积极性不高，多数处于观望状态。为了进一步带动农户养殖鸵鸟，河南村于2023年争取了50万元中央扶持资金发展鸵鸟养殖项目，村"两委"牵头成立鸵鸟养殖合作社，规划养殖鸵鸟300只，占地面积5亩，鼓励村民积极入股，产生效益后按比例分红。村民从合作社免费领取鸵鸟幼崽在自家庭院养殖，合作社为农户提供养殖技术指导，产品由合作社统一回收。目前项目已完成选址，正在进行招股和购置鸵鸟苗。

三 困难与谋划

虽然目前鸵鸟养殖还处于起步阶段，但河南村"两委"已经在思考将来可能面临的问题。他们最担心的是产品销售问题。鸵鸟繁殖速度快，成长期较短，随着养殖规模的扩大，产品销售将成为不可避免的难题。为此，河南村"两委"积极布局销售渠道，设计了两大销售渠道：一是销售给虎林市的加工厂，经过初步加工后送往哈尔滨进行深加工。但虎林市鸵鸟养殖已成规模，如果加工厂能够在本地获得充足货源，将不需要赊购外地鸵鸟。即使加工厂同时采购两地的鸵鸟，也可以利用产地间的竞争压低收购价格，使生产者受到损失。二是依托本县的电商直播基地，以网络直播的方式向潜在消费群体推广。初步计划与本地知名网红合作，借助其流量优势推销鸵鸟产品，逐步打开市场。目前村"两委"正在围绕第二个方案进行具体的谋划和设计。

四 案例点评

　　庭院特色养殖发展中要充分发挥致富带头人、村"两委"的引领带动作用。庭院特色养殖，特别是一些野生动物、珍禽、水生动物等，通常较常规畜禽养殖经济价值高，但农户对其养殖技术不熟悉，且市场前景不确定，具有较高的生产风险和市场风险，加之前期投入可能较大，农户往往对其望而却步。具有创业精神的致富带头人能够率先发现市场机会、积极整合生产资源、探索开展生产经营，从而积累相关的经验，为其他农户提供示范。

　　村"两委"具有代表村民与外部机构谈判、动员集体资源的优势，可以通过组织农户发展合作社，将庭院经济活动统一在合作社下，合作社提供农资供应、技术指导、产品销售等方面的支持，降低农户发展庭院经济的生产成本和经营风险，从而推动庭院经济规模化发展。

（案例来源：编写组实地调研整理，2023年7月）

案例 ⑤ 山东河崖头村：方寸庭院亦可编织增收

一 案例概况

山东省桓台县根据当地资源状况和劳动力拥有的特殊手工技艺，组织当地妇女利用当地的天然材料，发挥传统的编织技艺，发展毛线手工钩织产品，大力推动庭院特色手工业发展，取得了较好成效。

以"村企+农户订单"形式发展庭院经济。河崖头村由村党支部领办合作社与企业合作，为村民提供编织订单，村民在家中制作。该村大部分妇女的年龄在50岁至70岁，因为要照看孩子，没法去外地打工挣钱，但又有一身毛线编织手艺闲不住。针对这些情况，在当地政府的号召下，村干部带领妇女发展起了庭院经济，为妇女拓宽了增收渠道，提升了自身价值。

采用计件工资，促进灵活就业。河崖头村钩织项目发放计件工资，参与妇女有200多名，辐射带动了周围8个村庄。除了集中培训之外，没有强制工作时间，村民把材料领回家里做。在培训活动中大家相互熟悉，可以三三两两约在一起，边聊天边做活，在宽松的环境中实现增收目标。如67岁的索镇街道耿桥村村民熊桂芳便是被"多挣一份钱，看娃不耽误"的宣传语吸引而来。因正在暑假期间，熊桂芳把小孙子也带来培训了。这样的方式可谓就业和带孩子两不误。

发挥手艺能人的带动作用。河崖头村发挥乡村手艺人的带头作用，让有手艺的人培训其他初学者，带动村里发展庭院手工业。如村干部根据新接到的一批供出口的针织玫瑰花订单，先组织培训，发动村里手艺人，手把手地教妇女们用不同颜色的线团钩织出美丽的图案。57岁的村民宋爱叶，从小就掌握了钩织的手艺。过去乡镇上有纺织厂，农闲时，像她这个年纪的农村妇女大多去那儿工作过。因为是纺织厂的老师傅们一针一线教出来的手艺，所以不管年纪多大，她们都没有忘掉。现在这些有手艺的妇女再对其他妇女进行钩织培训。

🟩 案例点评

河崖头村庭院编织发展趋势较好，充分利用当地农民的手工技艺发展庭院经济，使当地劳动力既能照顾家庭，又能在家灵活就业，增加了农户家庭收入。该案例的实践启示主要有：一是"企业+农户"订单合作方式是发展庭院经济的有效路径之一。通过订单合作，既组织农户发展生产，又解决了农户生产产品的销售问题，以销定产还能够减少农户生产的盲目性。二是村干部对发展庭院经济起到重要的引导作用。一方面是村干部根据当地的资源状况和劳动力技能，考察发展合适的庭院经济项目；另一方面是村干部有能力号召领办合作社，把农户组织起来发展庭院经济。三是发展庭院经济有助于整合更多产业资源，让赋闲在家的农村劳动力闲暇有事做、生活有盼头，体会到在家门口就业增收的幸福。

（案例来源：摘录自叶婧：《山东桓台：方寸庭院编织增收图》，新华社，2023年8月19日）

案例 ⑥ 四川阴平村：发展庭院特色休闲旅游

🟩 案例背景

阴平村地处四川盆地北缘，岷山南麓摩天岭脚下的青川县青川镇，是国家4A级旅游景区清溪古城的重要组成部分，也是进入国家4A级旅游景区唐家河自然保护区的重要驿站。阴平村是"四川省乡村旅游示范村"，村内保存有完好明清风格的古民居，如阴平村宅院，是市级文物保护单位。川北特色民俗文化、川北锣鼓是国家级非物质文化遗产等，村里着力收集、整理和挖掘这些宝贵财富，为乡村旅游差异化发展注入持续的生命力。近年来该村乡村旅游对农民增收作用非常大，庭院特色休闲旅游正焕发出勃勃生机。

主要做法

（一）发展民宿留住消费

全村现有乡村民宿180家，5 000多张床位，其中星级农家乐30家。农家乐不断完善设施条件，提升服务水平，部分农家乐瞄准高端客源，或发展精品民宿，或发展乡村酒店，推动业态转型升级。农家乐是统一的川北民居风格，"青瓦房、白粉墙、木兰窗、吊脚楼"，家家户户门前是小花园，屋后有小菜园、小果园，"房子、亭子、林子、园子"相映成趣，"微田园"式的生态庭院风光处处可见。各家各户门前的楹联更是一道特别的风景。

（二）开发农事体验产品

对农村生疏的城里人，在阴平村可以体验到最原汁原味的农田生活。阴平村的小菜园可以自己认租、耕种，通过使用锄头、镰刀、犁耙、石磨等传统生产工具，体验农耕生活。小果园不仅可以参观，还可以亲自采摘，游客品尝自己的劳动成果，不仅甜在嘴里，更是喜在心头。在这里，还可以进行加工体验，如将稻谷碾成米，将米磨成米浆、做成米粉等。

（三）做好品牌营销

制定宣传营销计划和方案，并有效组织实施，不断提升知名度、美誉度。线上加大在主流媒体的宣传推荐力度，线下积极参加各类旅游推荐，持续宣传"中国乡村旅游模范村——阴平村""边陲秘境——青溪古城"等旅游品牌，提高阴平村旅游品牌知名度。同时，常态化开展各类旅游节会活动。

📋 案例点评

阴平村从贫困村到生态旅游村，通过推进生态保护、旅游开发、脱贫攻坚有机结合，将这里的绿水青山真正变成了脱贫致富的金山银山。阴平村乡村旅游的兴起，也带动了周边村、社区开办农家乐，发展庭院经济。目前，阴平村正加快实施农家乐提质升级战略，发展精品民宿，将普通农家乐向周边分流。随着一大批重点文旅项目的落地建设，阴平村将迎来新的快速发展机遇。

（案例来源：编写组实地调研整理，2023年7月）

案例 ⑦ 山西临水村：庭院小餐饮，便民服务焕发活力

📗 案例概况

山西省孝义市临水村是一个传统农业村，与山西省内多数村庄类似，该村青壮年人口流出严重，60岁以上人口占比超过50%。村里一些留守老人年纪大、身体条件不好，子女又不能随时照料，吃饭成了问题。近年来，在村"两委"的引导下，村民积极发展庭院餐饮。目前共有庭院餐饮经营主体3户，餐桌29张、餐位300个。不仅解决了留守老年人的日常吃饭问题，而且为乡村红白喜事、宴请活动提供了场所，便利了村民生活。

庭院餐饮经营者武某，家里5口人，武某和妻子原先在村

内务农，儿子儿媳在市里打工，孙子在市里上小学。2021年武某将房屋扩建后开始经营餐饮，餐饮分为日常餐饮和宴请餐饮：日常餐饮主要针对本村老人，在主人家做自家饭的基础上多做一些，提供以本地面食为主的家常饭菜，每人每餐5 ～ 15元；宴请餐饮主要是针对村内红白喜事，人均消费20 ～ 100元不等，每年有十几次。原料主要来自自家大田种植的粮食、庭院种植的蔬菜和部分从市场购买的食材。劳动力主要来自家庭劳动力，忙时也会雇一些散工。每年收入三四万元。对武某来说，餐饮经营只是副业，其家庭收入仍以种地、打工为主。庭院餐饮经营自主性高，可以灵活选择经营时间，有空时营业，忙时可以关门。

案例点评

庭院经营餐饮的主要优势在于其经营的灵活性。庭院餐饮主要依托家庭房屋、庭院空间，原材料多来自庭院种植的农产品，劳动力主要是家庭劳动力，农户对经营规模、劳动时间有着充分自主权。庭院餐饮一般为家庭副业，家庭成员通常还进行农业经营、外出就业等经济活动，根据各种经济活动的比较收益灵活地分配劳动时间和生产资料，实现家庭收入的最大化。

（案例来源：编写组实地调研整理，2023年8月）

案例 8 鱼江情民宿：夫妻搭档，种地和办民宿两不误

案例概况

黑龙江省饶河县四排村鱼江情民宿老板娘刘大姐，今年55

岁，四排赫哲族乡平原村人，与丈夫于2017年搬迁到四排村。一家4口人，两个孩子都在饶河县城工作，夫妻2人居住在四排村，平时种地，闲时利用庭院发展餐饮民宿。

他们家先后买了四排村赫哲族人的2套房子，最初为185平方米，后来扩建到了380平方米，有客房4间可住9人，住宿每人每天50元。同时可向住客提供餐饮服务，主要由老板娘自己做，团餐每人40元，鱼宴每人80元，菜品主要是自家庭院种植的蔬菜以及买回来的江鱼。每年民宿经营时间为7—9月的旅游旺季，一般不雇佣长工，当地长工的月工资普遍在3 000元左右，养个长工太困难，忙时也会雇一些短工，日工资每人100元。

刘大姐家的收入仍以种地为主，自家耕地有200多亩，流转进来的有100亩左右。聊到为什么会进到民宿行业来，她说他们家搞民宿已有5个年头，民宿经营比较灵活，自主性高，可以在自己有空时选择接待，忙不过来时可以关门，而且可以用民宿的营业执照到金融机构办理贷款，利率比较低，今年打算贷款20万元用于购买肥料和种子等。疫情前客流量大，每年民宿收入可达4万～5万元，外地游客占到80%左右。对刘大姐来说，她现在搞民宿没有场地费用，用的自家房子，是"挣点就挺知足"，挣来的当是"零花钱"。

案例点评

在旅游资源丰富的村庄，农户利用闲置的房间或农房改建成民宿是比较常见的，除了可收取游客住宿的费用外，根据家庭劳动力、庭院场地情况同步搞起餐饮业，又可以多挣得一份"辛苦钱"。有时候兴办餐饮民宿，不仅仅是能够增加家庭收入，办民宿本身就属于在乡村创业的行为，可能获得当地的一些政策支持，例如案例中的刘大姐就可以用民宿的营业执照到金融机构办理低利率贷款，反哺农业生产。此外，办餐饮民宿需要跟大量外来人口打交道，通过跟来自五湖四海的游客聊天，既可以了解村外的大世界，甚至还能发现其他的创业商机。

（案例来源：编写组实地调研整理，2023年7月）

案例 ⑨ 广西南丹县：微作坊和微电商让"方寸地"变成"增收园"

■ 案例概况

广西壮族自治区河池市南丹县突出乡土特色，提倡宜种则种、宜养则养、宜商则商，充分利用"庭院+"模式，创新拓展"庭院经济"增值增效空间，促进群众就业创业增收。

庭院 + 微作坊：特色小院变身"致富园"

在芒场镇蛮坝村的一处小院，郁丽荣和她的家人正忙碌着淘米、蒸煮、酿酒。走进作坊，几十个盛酒的大瓷坛整齐排列，酒香扑鼻而来。郁丽荣酿的米酒口感醇厚，慕名到她家购买的人越来越多。2022年，她家出售自酿米酒2 000多千克。在蛮坝村，像这样的酿酒作坊有10余间，村民家中的"方寸院"成为带动增收的"致富园"。

南丹县依托国家农产品地理标志认证的特色产品，开发农产品加工作坊；依托民族传统文化、服饰文化，开发纺织、刺绣、民族服饰加工作坊。全县依托本地特色产业发展油茶、辣酱等特色饮食、食品加工作坊400余家，发展纺织、刺绣、瑶服、苗服等民族服饰加工作坊100余家，发展铜鼓、陀螺、皮鼓等民族工艺作坊40余家，开办文创产品生产加工作坊17家。

庭院 + 微电商：农产品实现"线上增值"

"这头梅花山猪已喂养一年多，大概有200多斤，明天早上杀好送到县城去卖。"一大早，陈梅就把在农户家拍摄的梅花山猪图片发到朋友圈，还把信息转发到几个社区团购群，让大家接龙购买。"通过'原产地直销+社区团购'的形式出售土特产，我一年收入有10万元左右。"陈梅说。农户家里有土鸡蛋、土鸡、核桃等土特产都可以联系陈梅帮忙卖出去。

在南丹县，像陈梅这样通过电商销售土特农产品的创业者还有不少。近年来，南丹县以"电商+待业青年""电商+脱贫户""电商+返乡农民工"等模式，引导未就业青年、脱贫户以及返乡农民工开办网店，利用庭院设立快递服务点、电商销售点和直播带货点，通过网店、直播带货等方式推介、销售本地特色农产品，让更多农产品实现"线上增值"、更多家庭实现"线上就业"。全县发展电商微商546家、店铺833家，电商销售从业人员4 200多人。

📋 案例点评

在庭院内发展具有特色的微作坊，不仅能够充分利用自家庭院空间，还能使具有一技之长的劳动力实现家门内就业增收，有的还能通过微加工让家庭生产的玉米、高粱等初级农产品实现自产自销，加工增加了农产品的附加值，销售又可以使增加的附加值留在家庭内部分享。可以说，在庭院内兴办微作坊是实现农户在产业链上就业的创新。

农产品卖难是农户增收的重要瓶颈，而电子商务的发展为农产品销售提供了更广阔的市场机会，为农户突破市场约束创造了有利条件。具有电商销售技能和特长的农户在自家庭院建设网店、直播间，利用电商平台、直播平台帮助群众销售农产品，有的甚至成为流量网红，形成规模效应，不仅能够增加家庭收入，对乡村产业发展的带动作用也是不可估量的。

（案例来源：摘录自廖庆凌、罗丹荣、李麟：《"方寸地"变成"增收园"》，《广西日报》，2023年5月30日）

案例 ⑩ 综合便民服务站：拓展百货超市的增收功能

一 案例概况

为打通城乡双向物流、畅通农村"微循环"，辽宁邮政按照"县域有中心、乡镇有节点、村村有站点"的思路，加快县乡村三级物流体系建设，建成县级仓储中心36处、乡镇仓储中心82处、村级综合便民服务站1.1万处，并通过农村投递汽车化、开展交邮联运、推进邮快合作等方式，邮政进村投递服务频次提升到每周五天，甚至每天一次、每天多次。农村百姓网购快递直接送到村，打通了快递进村、出村的"最后一公里"。辽宁盘锦邮政分公司通过客邮运力共享、客邮场站共用、交邮驿站共建，精准匹配人、车、货、站、线等要素，打造乡镇"交邮驿站"和村级"村村通驿站"，实现了全市"快递进村"的村屯全覆盖。

在这样的背景下，盘锦市大洼区新兴镇王家村某村民利用自家的临街房子建起了百货超市，同时这家超市还有一个重要角色，那就是跟中国邮政合作的综合便民服务站。除了向村民售卖各类日常生活用品外，还提供代收代投邮件、代缴电费、代收话费、代售公交卡、优惠购、普惠金融等"六项"便民服务，让农村百姓享受到和城市一样的便利服务。

　　据百货超市老板反映，在超市里提供便民服务，本身并不会过多占用超市的空间，反而能够更有效地利用了超市里某些不方便摆货架货物的角落，而且收发快递也能增加额外的收入。例如，百货超市日均帮村民代收快递50多件，邮政公司把快递送到超市，超市等待村民上门取件，每代收1件快递就能从邮政公司那里获得0.5元的代收服务费，一天下来就是多增收二三十元。村民把物品拿到超市并交给超市代寄，邮资费用是交给邮政公司的，超市在代寄环节并不会额外收取费用。但村民到超市代寄物品时，一般都会买些日常用品或水果之类的带回家。超市老板说，提供便民服务后，超市每天的销售额能比过去多出400～500元。可以说，在庭院里兴办百货超市，同时提供综合便民服务，小小庭院的增收途径更多了。

🔲 案例点评

　　农户利用自有庭院设立快递代办点、开办小超市等，为村民提供便利服务，属于发展生活性服务业的庭院经济。一座农房庭院，既是超市又是综合便民服务站，一院两用甚至多用，各种功能之间相互促进，也使农户从参与零售产业链条扩展到参与农村物流产业链条、农村金融服务链条等不同行业中来，最终能够更为有效地利用了庭院空间，拓展了庭院的多功能性，增加了农户家庭经营收入。这种庭院利用方式也越来越普遍，例如，有些庭院既是小餐馆也是快递代收点，有些既是电商代售点又是小超市，线上线下相结合的销售方式带来了更多的营业额和利润。

　　　　　　　　　（案例来源：编写组实地调研整理，2023年5月）

案例 ⑪ 九坊宿墅：小院改民宿，农民变股民

一 案例概况

四川省成都市温江区寿安镇岷江村是远近闻名的桂花村，步行至岷江村深处，沿着青石小路，穿过郁郁葱葱的草木，一处典型的川西建筑风格小院便是网红民宿"九坊宿墅"。民宿里有一位特别的员工，名叫余晓凤。她本是这里的原住民，如今，不仅是员工，还是房东，也是股东。5年前，这个典型川西林盘摇身一变，被打造为充满设计感的精致民宿，余晓凤一家此后的生活轨迹也由此改写。

"我是村里第一个吃螃蟹的人。"余晓凤说，5年多前，孩子在外读书，花木市场低迷，大家找不到"活路"做，纷纷外出打工，家中只剩下老人和老宅，为何不试一试？在自家小院修建的民宿里，余晓凤熟练地缝好一个香囊递给民宿的住客，她不仅是教村里妇女们手工的大师傅，也是民宿服务员和股东。

余晓凤一家以房屋资产和宅基地使用权作价入股，村集体公司（占比35%）和宿墅文旅公司（占比65%）共同组建九坊宿墅运营公司，通过项目的经营收益利润分红、租金溢价收益分红等方式壮大集体经济、增加村民收入。

值得称道的是，项目开建后，余晓凤一家的新房也在原址按照统一风格一体化设计和修建。如今，"九坊宿墅"呈现出的样貌是：前院是对外营业的民宿，后院则是原住民安置房，两者相融相生。

◼ 案例点评

本案例提到的民宿新业态，为农村富余劳动力就业带来了新选择。民宿有独特的设计与风格，也形成了好的口碑标识。庭院主人对游客的周到服务，让住进民宿的房客拥有美好的居住体验。民宿搭建了新的社交场所，唤醒人们对质朴美好的社交关系的向往，成为探寻美好生活的重要方式，也成为农民增收致富的重要途径。庭院改民宿，与集体经济组织融合发展，是实现共同富裕的有效方式。建议本案例提到的民宿不断升级产品、场景和服务，增强新型生活方式的体验。好的品质，加上用心经营，民宿生意定会越做越好。

（案例来源：四川省成都市温江区农业农村局供稿，
2023 年 8 月）

案例 ⑫ 衍匠文创工坊：身残志坚者的就业创业场所

◼ 案例概况

四川省成都市温江区公平街道分水村2组居民王林江，今年34岁，因患先天肢体侏儒残疾，他的身高在小学时就定格在了1.3米，尽管在家人的庇护下，王林江从小吃穿不愁，但要强的他始终想为家里分担压力。

2016年温江区公平街道创立了衍匠残疾人文创工坊，王林江第一次接触到了衍纸画，看着通过自己的双手让各色纸条以卷、捏、拼贴等方式组合成一件件文创作品，王林江感觉找到了从未有过的成就感。

衍纸技艺逐渐精湛的王林江也慢慢成长为文创工坊的老师，着力培养更多的残疾工匠。通过培训让残疾人走出家庭，组建了自己的残疾人手工匠人的队伍，然后孵化残疾人的文创产品，包装孵化了残疾人的"衍匠"文创品牌。通过文创赋能残疾人就业，让他们的产品走向市场。

目前，文创工坊长期工作的残疾人已有40多名，人均年增收能达到2万元左右。2021年，文创工坊的衍纸工艺"蓉宝""会徽"入选为大运会的特许商品，这也让王林江和小伙伴们对未来更加充满信心。王林江在自己掌握了衍纸画的技艺后，还将此技艺通过教学等形式带动更多残疾朋友就业增收。

案例点评

本案例的文创工坊，利用庭院进行手工制作，为农村残疾人提供了在家就业的机会，不仅增加了收入，而且帮助残疾人实现了自身价值。衍纸工艺品种类繁多，造型独特，精湛的手工技艺让人叹为观止，产品不断创新，深受国内外人士喜爱。现在产品供不应求，希望政府搭建平台，做跨境电商，并结合共建"一带一路"，与当地的花木出口产业合作，对接市场，争取更多的订单。案例选树残疾人就业典型，可为很多残疾人工匠通过文创就业走向世界提供舞台，展现新时代中国残疾人自尊、自信、自立、自强的精神面貌。

（案例来源：四川省成都市温江区农业农村局供稿，
2023年8月）

案例 ⑬ 鲁家滩森野农场：家庭微农场，致富新引擎

● 案例概况

四川省成都市温江区鲁家滩森野农场创立者是一名返乡创业的大学生，名叫杨雨璐，今年21岁，成都市温江区和盛镇人，她自幼在和盛镇东宫寺村长大，从小受家庭环境的熏陶，对农业产生了极大的兴趣。她在大学时代便开始了她人生中第一次创业：鲁家滩森野家庭农场。

农场选址在鲁家滩湿地公园的一个林地，自然生态环境与农场的打造相辅相成。林地最初为8亩，后扩建到13亩，有12顶天幕用来接待顾客，顾客可以根据自己的需求选择露营、野餐、团建等活动。农场免费提供夜间露天电影和户外K歌。农场的盆栽蔬菜都是筛选当地优良品种，并移植到农场内，采用科学的方式进行培育，将有机农业和可持续发展的理念坚持到底，给顾客提供新鲜、有机的蔬菜，顾客在家就能轻轻松松品尝到有机绿色蔬菜。此项目得到了广大顾客的喜爱，并为农场带来了可观的收入。每年农场的经营时间主要集中在2—5月与9—12月，忙时也会雇用一些短期工，以学生为主。

杨雨璐主要的经济来源是以家庭产业为主，自家苗圃有100多亩，平时上午主要管理苗圃，下午就来到农场接待客人。聊到为什么会开一家农场的时候，她说自小就对农业感兴趣，家里的盆栽都是出自她手，而且农业也是与自己家庭产业息息相关，并且比较自由，现在可以经营一家属于自己的农场，自己是非常满意的。2023年，农场一年收入达到了20万元，人

们都想出去走走看看，对新鲜事物的接受程度高，本地客户占到了70%左右。对杨雨璐来说，她现在做农场，第一是时间空闲，第二是自己也感兴趣，第三也是能够返乡创业，支持家乡的建设。

案例点评

随着各项惠农政策的落地，"小微农场"逐渐兴起。本案例的家庭农场，项目新颖，趣味性强，吸引不少客人参与进来，收入可观。"微型家庭农场"的经济发展模式，走出了一条适合当地农村产业发展的新路子，也为其他地方提供了良好示范。

（案例来源：四川省成都市温江区农业农村局供稿，

2023年8月）

国家乡村振兴局　农业农村部
关于鼓励引导脱贫地区高质量
发展庭院经济的指导意见

各省、自治区、直辖市和新疆生产建设兵团乡村振兴局、农业农村厅（局、委）：

为深入贯彻习近平总书记关于巩固拓展脱贫攻坚成果的重要指示精神，落实党中央、国务院部署要求，有效应对新冠疫情影响，守牢不发生规模性返贫底线，现就鼓励引导脱贫地区高质量发展庭院经济提出如下意见。

一、重要意义

脱贫攻坚以来，脱贫地区农民收入实现较快增长，但与全国平均水平相比仍有较大差距。千方百计增加脱贫群众收入，不断缩小收入差距，对巩固拓展脱贫攻坚成果、守牢不发生规模性返贫底线至关重要。当前，农村劳动力就业不充分，特别是受新冠肺炎疫情影响，部分脱贫劳动力返乡回流，部分有外出务工意愿的脱贫劳动力无法外出务工。鼓励和引导农户特别是脱贫人口和防止返贫监测对象（以下简称"监测对象"）在符合用地政策前提下，利用自有院落空间及资源资产，高质量发展庭院经济，是促进就地就近就业创业、发展乡村特色产业、拓展增收来源的有效途径。

二、总体要求

（一）指导思想。以习近平新时代中国特色社会主义思想为指导，深入贯彻落实党中央、国务院决策部署，立足新发展阶段、贯彻新发展理念、构建新发展格局、推动高质量发展，坚持以农业农村资源为依托，以农户为主体，以市场化、特色化、品牌化为导向，与区域特色主导产业相协调，按照项目到户、扶持到人的要求，加大创新驱动，强化政策引导，提升组织化水平，拓展庭院经济增值增效空间，为脱贫地区培育壮大特色优势产业，多渠道增加农民收入，实现巩固拓展脱贫攻坚成果同乡村振兴有效衔接提供有力支撑。

（二）工作原则。

——坚持依法依规、符合政策。严格遵守土地、环保、市场监管等方面的法律法规，认真落实国家相关政策，坚持节约集约用地、依法合规生产经营，坚决防止出现乱占耕地、违规搭建、质量安全等问题。对不符合相关规定和要求的庭院经济项目不予支持。

——坚持因地制宜、分类指导。科学把握发展庭院经济的基础和条件，在适宜地方推进实施高质量庭院经济项目。从实际出发，突出乡土特色，走特色化、差异化发展路子，宜种则种、宜养则养、宜加则加、宜商则商，探索发展多种类型庭院经济。鼓励非脱贫县结合实际，因地制宜发展庭院经济。

——坚持稳扎稳打、有序推进。强化科学论证、注重典型引路，合理确定发展模式和目标。树立正确政绩观，坚决杜绝刮风搞运动，防止不顾实际、一哄而上。不搞层层加码，不搞一刀切，不搞形式主义，久久为功，扎实推进。

——坚持政府引导、农民主体。尊重农民意愿，以农户为主体开展庭院生产经营，加强组织引导，调动农民的积极性、主动性、创造性。采取政策引导、技术服务、消费帮扶等措施，扶持多种类型、适度规模的庭院经济发展。

——坚持市场导向、融合发展。立足资源条件和市场需求，顺应产业发展规律，创新经营方式，强化庭院经济经营户与龙头企业、农民专业合作社、家庭农场等生产经营主体的分工协作和利益联结，增强庭院经济发展活力，提高庭院经济市场竞争力。强化农业全产业链带动，促进庭院经济与农村一二三产业融合发展。

——坚持生态优先、绿色引领。强化庭院经济发展与自然环境相融合、与乡村建设和乡村治理相结合，促进经济效益与生态效益、社会效益相统一，绿化美化庭院，改善农村人居环境，实现资源利用更加高效，庭院环境更加美丽。

（三）主要目标。到2025年，脱贫地区庭院经济产业规模不断扩大，产业类型更加丰富，产销衔接更加顺畅，发展活力持续增强，发展水平明显提升。农户特别是脱贫人口和监测对象参与发展庭院经济成效明显，内生动力进一步激发，自我发展能力不断增强，通过庭院经济获得的收入持续增加。

三、发展重点

（一）发展庭院特色种植。筛选市场前景好、附加值高的种植品种，重点发展蔬菜、林果、花卉、盆栽等特色作物，加大新品种、新技术试验推广，形成与大田作物差异化、互补性发展，填补市场空缺，提高种植效益，确保质量安全。发展庭院设施农业，因地制宜种植中药材、食用菌等附加值高的特色经济作物，打造一批微茶园、微菜园、微果园、微菌园。城镇近郊可适当发展时令鲜蔬、名优花木等，就近满足城市消费。探索实行统一规划布局、统一技术标准、统一收购销售、分户经营种植的发展模式。

（二）发展庭院特色养殖。积极推广适合庭院养殖的特色优良品种，优化养殖结构，应用养殖新技术、新模式，强化兽药、饲料及饲料添加剂等农业投入品科学使用指导，提高养殖效益。根据脱贫地区实际合理规划庭院生活区与养殖区，实现人畜分离、干净整洁。改善庭院养殖条件，提高生产管理水平，推动庭院养殖融入当地现代养殖业生产体系。强化动物防疫，做好重大动物疫病和常见多发动物疫病防控工作。

（三）发展庭院特色手工。立足乡村特色资源，开发具有鲜明地域特点、民族特色、乡土特征的特色产品，满足市场多样化、特色化需求，培育乡村产业发展新的增长点。传承创新乡村传统工艺，发展特色食品和特色手工艺品，培育乡村工匠，创响"土字号"乡村特色品牌。依托乡村非物质文化遗产，发展一批特色鲜明、带动作用明显的非遗工坊。引导文化创意公司、民间手工艺人等领办或创办一批家庭工厂、手工作坊，开发一批乡村特色文创产品。指导利用闲置庭院设立帮扶车间，带动群众增加收入。

（四）发展庭院特色休闲旅游。推进庭院经济与休闲农业、民宿旅游等融合发展，拓展庭院多重功能。指导农户依托当地文化旅游资源，利用自有庭院发展特色民宿、家庭旅馆、休闲农庄、农家乐、小型采摘园等，促进农文旅融合，打造一批精品田园和美丽庭院。积极引导城镇居民到乡村消费，把农村庭院变成城市居民的小菜园、后花园、微农场，满足定制化、个性化、差别化服务需求，将乡村生态环境优势转变为产业发展优势。

（五）发展庭院生产生活服务。鼓励龙头企业、农民专业合作社、家庭农场和农业社会化服务组织通过整村领办、合作经营等方式，带动农户利用现有庭院开展代收代储、产品代销、原料加工、农资配送、农机作业等生产性服务。指导农户利用自有庭院设立电商销售点、直播带货点、快递代办点等，开办小超市、小餐饮、理发店、修理店等生活性服务业，为村民提供便利服务，增加农户经营收入。

四、支持政策

（一）用好资金支持政策。在适合发展庭院经济的地方，谋划一批庭院经济重点项目，符合条件的按程序申报，村、乡两级公告公示（在固定公开栏公开均不少于10天），经严格论证审批后纳入县级巩固拓展脱贫攻坚成果和乡村振兴项目库，在县级政府门户网站主动公开。统筹各级财政衔接推进乡村振兴补助资金、东西部协作资金、定点帮扶资金等现有资金，对符合条件的庭院经济项目给予支持。动员社会资本投入庭院经济发展，强化与农户的带动联结，促进共同发展。县级要细化支持庭院经济发展项目资金管理使用措施，规范项目资金管理，提高资金使用效益。

（二）用好金融支持政策。落实好脱贫人口小额信贷政策，支持符合条件且有贷款意愿的脱贫人口和监测对象申请小额贷款用于发展庭院经济。加强与金融机构的对接，用好创业担保贷款、"富民贷"等金融产品。鼓励脱贫地区利用保险政策，加大庭院经济保险支持，提升庭院经济风险保障水平。

（三）用好创业就业支持政策。将符合条件的庭院经济经营户纳入乡村创业就业政策支持范围。鼓励大学毕业生、雨露计划毕业生、退伍军人、有技能的退休人员、乡村工匠、返乡人员等各类人才从事庭院经济，做好创业咨询、项目策划、手续办理等服务，落实产业帮扶政策，带动庭院经济加快发展。鼓励采取多种形式对庭院经济经营户进行培训指导，帮助解决生产经营中的困难问题，提高农户发展庭院经济的基本技能和经营管理水平。

（四）用好消费帮扶支持政策。加大产销对接力度，组织庭院经济经营户与城市市场、超市、酒店、网购平台、社区团购、文旅经营主体等开展对接活动，建立稳定购销关系，将庭院经济产品和服务供给与市场需求紧密联系起来，帮助解决销售问题。加大消费帮扶力度，东西部协作、定点帮扶、社会力量帮扶将采购和帮助销售庭院经济产品作为支持内容，帮助提升产品品质和知名度，不断拓宽销售渠道。加大电商平台帮扶力度，动员电商企业与脱贫地区对接，采取针对性帮扶措施，帮助扩大庭院经济产品销售规模。支持庭院经济经营户加大电商营销力度，开展直播带货，多种渠道促进产品销售。

五、组织实施

（一）加强统筹协调。省级农业农村部门立足部门职责，发挥行业优势，做好脱贫县庭院经济发展规划（实施方案）制定、项目谋划实施指导，以及技术服务、人才培训等方面工作；乡村振兴部门协调加大相关帮扶力量和帮扶资金支持力度，加强联结带动机制建设。乡村振兴部门会同农业农村等部门，强化分类指导、经验交流和督促检查，统筹推进脱贫地区高质量发展庭院经济。适宜发展庭院经济的脱贫县要制定扶持庭院经济发展的具体措施，建立工作推进机制，强化责任落实。充分发挥县级行业部门和乡村干部、驻村第一书记和工作队作用，加强庭院经济重点项目跟踪服务，开展一对一帮扶，围绕项目实施的关键环节、困难问题等进行协调服务，确保项目实施质量。在县乡两级遴选庭院经济技术指导员，在村一级培养庭院经济"明白人"，为发展庭院经济的农户提供指导服务。

（二）加强规划引导。具备条件、有发展意愿的脱贫县要充分对接县域"十四五"特色产业发展规划，因地制宜制定高质量发展庭院经济规划，明确发展布局、目标、重点和技术模式等。具备条件的乡（镇）、村和易地扶贫搬迁安置点，整体制定实施方案，明确庭院经济建设内容、标准、方式、规模等，研究确定重点项目。盘活闲置庭院资源，对于村内无劳动能力或长期在外农户，按照自愿有序原则，动员其规范有偿流转庭院发展庭院经济。对具备良好资源禀赋和生态环境条件的村，通过租赁等方式引进有实力的经营主体，对闲置庭院进行统一规划、改造升级、专业化经营。鼓励发展庭院经济的村扎实稳妥推进乡村建设，持续改善村庄环境。

（三）加强联结带动。建立健全"村党组织+新型经营主体+村集体经济组织+农户"利益联结机制，发挥当地产业乡土能人、经营大户等示范带动作用，用好"龙头企业+""合作社+""致富带头人+"等模式，鼓励各类经营主体通过领办、订单生产、流转入股等多种方式，与庭院经济经营户建立紧密合作关系，统一培训、统一供料、统一收购，走分散生产、联合经营、规模发展之路，实现庭院经济与产业链有效联结。组织动员餐饮企业与庭院经济经营户加强合作，建立食材供应点，形成稳定的供应关系。组织动员工业企业、帮扶车间将适合分散加工的产品延伸到庭院经济经营户，因地制宜设立庭院加工点，带动庭院加工业发展，促进就地就近就业。组织动员文旅经营主体与庭院经济经营户合作，打造住农家屋、干农家活、吃农家饭的农村体验式旅游线路。

（四）加强督促检查。适宜发展庭院经济的脱贫县要建立庭院经济规范管理相关制度，强化绿色导向、标准引领，把标准化贯穿庭院经济发展全过程，提高庭院经济经营管理水平。加强日常指导管理，落实安全生产责任，确保农产品质量安全，确保庭院服务规范有序。加强庭院经济项目资金绩效管理和监督检查，确保其发挥应有效益。对庭院经济工作推进有力的地方，给予表扬激励。

（五）加强宣传引导。加大宣传工作力度，充分发挥新闻媒体作用，深入宣传高质量发展庭院经济政策举措，广泛宣传发展庭院经济对克服新冠疫情影响、促进产业就业、增加群众收入的重要作用。加强正面引导，及时化解苗头性问题。挖掘培育发展庭院经济的先进典型，总结经验，加大宣传推广力度，努力营造全社会关心、支持、参与脱贫地区高质量发展庭院经济的良好氛围。

国家乡村振兴局　农业农村部

2022 年 9 月 26 日

图书在版编目（CIP）数据

庭院经济高质量发展百问百答 / 何安华等编著. —北京：中国农业出版社，2024.2
ISBN 978-7-109-31728-4

Ⅰ．①庭…　Ⅱ．①何…　Ⅲ．①农村经济—庭院—中国—问题解答　Ⅳ．①F326.5-44

中国国家版本馆CIP数据核字（2024）第043012号

中国农业出版社出版
地址：北京市朝阳区麦子店街18号楼
邮编：100125
绘图：黎　煜
责任编辑：郑　君
版式设计：小荷博睿　　责任校对：张雯婷
印刷：中农印务有限公司
版次：2024年2月第1版
印次：2024年2月北京第1次印刷
发行：新华书店北京发行所
开本：880mm×1230mm　1/32
印张：5
字数：117千字
定价：39.00元
